日本一ややこしい
京都人と沖縄人の腹の内

仲村清司

光文社新書

はじめに

「非定住型放浪暮らし」への憧れ

自慢しても仕方がないことだが、僕の引っ越し回数は13回に上る。その遍歴を披露すると少年期は大阪、大学時代は京都、卒業後は埼玉、東京、さらには沖縄で過ごしている。

ついでにいえば、一度も就職したことがない。好んでフリーランスを選んだわけでもない。どの企業も一切僕を採用しなかったのである。

こうして僕は非正規労働者のまま社会人生活を送り、ふと気づけば年金族になってしまっていた。

暮らした土地に一貫性はない。学業や仕事の都合で引っ越したりもしたが、端的にいえば人間の性根が定住に向いていないのである。

それが証拠に1996年に沖縄の那覇《なは》市に移り住んでからは市内で5回も宿替えした。同じ土地で生活していることに不意に嫌気がさすのである。

家計が火の車になっても、なお居所を替えてしまう。おかげですっかり引っ越し貧乏になった。

那覇ではマンションを2度買い替えた。なので、もはや引っ越しもこれで打ち止めかと観念した。

だが、胸の内は真逆で、ますます僕の僻《へき》というべき「非定住型放浪暮らし」を望む思いは募るばかりだった。

やり残した執筆の仕事もあった。事実、この本の原稿も依頼されてから7年間も待ってもらっている。別の版元の原稿はあと数十枚で脱稿というところで筆が止まってしまった。それから8年が経過している。

版元や編集者の方々にはまことに申し訳ないことをしでかしているのだが、「わかっちゃいるけどやめられない」のである。

日本一無責任男の心には悪魔が寄生している。

「そろそろどこかに高飛びしようぜ」

僕は悪魔の囁《ささや》きに素直にしたがってしまった。

選択した道は京都と沖縄の二重生活だった。

どちらも日本有数の観光地で、一度は暮らしてみたい移住先のトップを競っている。それだけでも十分贅沢といっていい。

とりわけ沖縄に移住した当時は多くの人から羨望の眼差しを集めた。なんせ、日本屈指のリゾート地ですからな。

しかし、僕の思いは〈旅するように暮らしたい〉というだけで、リゾートなどいまも昔もまったく関心がない。

その沖縄暮らしで生活は一変した。もののはずみで移住した那覇で、ものの試しでモノカキになり、ものは試しで本を書いたところ局地的にバカ売れし、非正規労働者に「作家」という肩書がついた。

そんな沖縄に20年も住んだのに、というか20年も住んでしまったために沖縄から離れたくなったのかもしれない。

沖縄から越そうとした理由については複雑かつ深刻なものがあって、前著『消えゆく沖縄』（光文社新書）にも詳述している。こんな無責任男でもたいそう懊悩《おうのう》したのである。その件については本書でもおいおい述べていくことになるだろう。

暮らしてわかった京都と沖縄の同質性

長々と前置きを述べたが、沖縄暮らしに見切りをつけたのは２０１８年である。拠点は京都に置いて沖縄に足を運ぶ。いま流行《はや》りの二拠点暮らしのように思えるが、仕事が発生すれば自在に往復できる必要があった。なので、正確には「同時二重通勤型生活」である。

こうして京都から沖縄に通う生活が始まった。那覇では大学で講義を担当しているので週一回は必ず出向かなければならない。

しかし、実際はそれ以上の頻度で沖縄に飛ぶことになる。書籍や連載記事のための取材もあった。

いざ始めてみると、まさに通勤と変わらない多忙きわまりない生活になった。気が向いたときに行ったり来たりできる自由な二拠点暮らしではない理由はそこにある。

当初は目が覚めたとき、大いに戸惑った。自分が京都にいるのか沖縄にいるのかわからなくなるのだ。時差ボケならぬ土地ボケである。これは過酷な苦行になるかもしれないと思いもしたが、慣れとは怖いもので、京都・那覇間を日帰りで通うことを可能にした。

そうなるとしめたもので、京都に帰るという感覚が身についてくる。エアポートリムジンバスが京都駅八条口に到着すると、アジアの玄関口、沖縄からはるばる日本文化の源流の地に戻ってきたような気分になるのだ。

わずか1日の行き来なのに、１２００年の都の空気が毛穴からいっぺんに入り込んでくるようで、物懐かしい安堵感に包まれる。となれば帰宅途中の足は通勤帰りのように行きつけの酒場に一直線となる。

京都は僕がいちばん気に入っている土地で、沖縄暮らしの最中も春夏秋冬と頻繁に通い、『京都のススメ』（双葉社）なる本まで書いたことがある。再開発で激変している沖縄とは対照的に、京都は変化を拒否し続けている都市でもある。

変わらない京都と変わる沖縄、それだけでも一冊の本のテーマになりそうだった。加えて京都で暮らせば、それまで沖縄から見ていた「オキナワ」が、比較文化的に複眼的な視点で見えるかもしれない。

逆もしかりで、これまで固定的なイメージで見られていた「キョウト」の見方も変わるかもしれない。

ふだんアルコール漬けになっているスカンポ頭に、そんなアカデミックな思考が芽生えてきたのであった。

それからは京都を歩き回り、那覇を歩き直した。同じ場所に足を留めても、目に入るものがこれまでの風景とは違って見え始めた。

なんの変哲もない風景であっても、なぜここにこんなものがあるのかと考えるようになった。あるいはそれぞれの土地の歴史や風土に時空を超えて想いを馳せることが可能になったのだ。

「まるで、司馬遼太郎先生のようではないか。ふむ、『オレ流・街道を歩く』が書けるかもしれない」

思い上がりを承知の上で、アンテナを張りめぐらせてうろついているうちに、文化や歴史のまったく異なるはずの沖縄と京都に「ややや?」と、思い唸《うな》る事象や現象が見え始めたのである。


京都と沖縄は似ている!

京都と沖縄はつながっている！
京都人と沖縄人の気質には共通点がありすぎる！

そんなふうに思い始めるようになったのだ。裏を取る作業を進めていくうちに、それは揺るぎないものになっていった。

僕も含めて、これまで沖縄を語るものは本土との異質性ばかりを口にし、それが「エキゾチックなオキナワ」の魅力の推しになっていた。

ところが沖縄と京都のリアルな生活を仔細《しさい》に眺めると、異質性以上に同質性が見えるようになってくる。あるいはもっといえば、明らかに異質なものであっても、そもそもは同根と思われるものも少なくない。いよいよもって僕の両地への関心は深まっていった。

その発火点となったのが両地の見られ方である。

京都は年間５０００万人も訪れる世界的観光地である。沖縄は約８５０万人。年間９６０万人が訪れるハワイの背中が見えてくるほどまでのリゾート地になった。

ところが、それほど人気があるのに、偏ったイメージがある。すなわち京都はイケズ（意地の悪いこと、心がねじれていること）、沖縄は排他的。この点が不思議でならないのだ。

京都や沖縄は暮らしてみたい土地の調査ではトップクラスに顔を並べるほど人気で、移住している人もたくさんいる。繰り返すが、僕自身がそうである。

このマイナスイメージは本当なのか？
事実だとするなら、その論拠は？
具体的な事例は？

まずはその点から探っていくことにしよう。

日本一ややこしい京都人と沖縄人の腹の内

目次

はじめに …… 3
「非定住型放浪暮らし」への憧れ …… 3
暮らしてわかった京都と沖縄の同質性 …… 6

嘘 ―― 京の茶漬けとイケズとテーゲーと …… 23

巷にあふれる悪口 …… 24
あとを絶たない偏見 …… 27
京都と沖縄は排他的か? …… 30
完全なフィクション …… 32
『京の茶漬』あらすじ …… 33
京都へのコンプレックス …… 35
桂米朝『始末の極意』に見るケチの極意 …… 38
秩序を壊さないためのルール …… 42

京都と沖縄という大人社会 44

歩 ——散歩と渡来人と多様性と 47

僕が京都を選んだ理由 48
空が狭くなった那覇 49
街全体がタイムカプセル 51
どこからどこまでが京都か 53
京都人の足は自転車 57
気が遠くなる沖縄の広さ 58
首里と那覇の関係 61
沖縄人のルーツ 63
京都の「出雲路」 66
「多民族国家」京都 68
京都と沖縄を歩けばわかること 70

「ばらばらでいっしょ」……72

郷

――カウンターと郷土愛とお笑いと……75

京都の昭和4年創業のおでん屋で……76
沖縄と京都――スタンダードな飲み方……77
京都の酒場で気づいたこと……79
カウンターは「知識の重要文化財」……81
首里城火災のあとで……84
本土との異質性と郷土愛……89
お笑い芸人の意外な輩出地……90

道

――昆布と富山の薬売りと始末と……95

テビチ汁――沖縄を代表する郷土料理……96

〝食えない少年〟から〝食える少年〟へ …… 97
昆布消費王国 …… 99
「昆布ロード」 …… 100
密貿易による莫大な利益 …… 101
理にかなった食材 …… 104
知恵と工夫で自分の土地のものにする …… 105
京都と沖縄を語る上で欠かせない〈だし文化〉 …… 106
食材を「始末」する文化 …… 108
伝統料理には知恵がある …… 109

飯

―― チャンポンとピネライスと弁証法と …… 111
突然、ヘーゲルの「弁証法」を紹介します …… 112
「にしん蕎麦」を弁証法で考える …… 113
京都での発祥 ―― 『総本家にしんそば　松葉』 …… 115

「皿盛」――大衆食堂の名物料理 116
京都ラーメンの別の顔 118
なぜ「カツカレー」ではないのか？ 120
沖縄のカレーは黄色いカレー 123
チャンポンは弁証法の鑑 128
今度は「ポーたま」を弁証法で考える 130
「ピネライス」の正・反・合 133
懐石だけが京都の料理ではなく、
チャンプルーだけが沖縄の料理ではない 137
「煮付け」の衝撃 139
太りやすい都市 140

甘

――向田邦子と松風とまちかじと 143
名物にこそ 144

向田邦子の『霊長類ヒト科動物図鑑』　146
食べ物をおいしそうに書ける達人　149
「松風」をめぐる話　150
京都の和菓子の深み　153
「きっぱん」——沖縄の高級菓子　156

書——読書家と檸檬と検定と　163

本と出会える街　164
出版王国　165
京都一を競う店舗　168
「本を食べろ」　170
梶井基次郎『檸檬』に悶絶　173
「檸檬」爆弾テロ　175
『京都手帖』と『沖縄手帳』　177

デンジャラスな古書店たち……181
「内向き」で、とりわけ強い「郷土愛」……184

魔

――シーサーと鍾馗さんと魔物の正体と……187
週に一度は沖縄へ……188
ふだんは目に入らない「魔除けの代名詞」が目に留まる……189
京都で睨みをきかす「鍾馗さん」……191
奈良から京都へ……193
魔除け都市・沖縄……195
「ちまき」とは何か……197
疫病が猖獗をきわめる都市……198
「魔物」の正体……201
村獅子の役割……202
京都を焼き尽くした「天明の大火」……204

「赤いバケツ」の意味 206

戦

――空襲と京都の塔と原爆と 211
B29が投下した焼夷弾 212
京都の戦争被害 213
真実を隠し続けた軍部 214
日本軍は京都の焼き物も利用した 217
死の罠――血の海となった地 219
「いまも語られない戦史」 221
原爆投下の候補地 224
語り継がれない理由 227

絆

――念仏踊とエイサーと三条大橋と …… 231
カルチャーショック …… 232
「黒猫」の正体 …… 234
ある僧侶の数奇な運命 …… 237
京都と沖縄の歴史に放たれた偶然と宿命 …… 240
沖縄の旧盆と京都の五山の送り火 …… 241
檀王法林寺ができるまで …… 243
袋中と尚寧の非情な再会 …… 245
京都と沖縄を結ぶ架け橋 …… 248

イケズ石とイチャリバチョーデーと裏の裏と

――あとがきにかえて …… 251
ものには何でも「裏」がある …… 251

沖縄への誤解……254
リベラルな都市……257

嘘

京の茶漬けと
イケズと
テーゲーと

巷にあふれる悪口

よそ者に冷たい、表裏がある、意地が悪い、嫌味な人たち、陰湿、排他的、腹黒い、皮肉屋、陰険、せこい……。

京都人に対する誹謗《ひぼう》中傷である。ほかにも汲《く》めども尽きせぬほど京都人への悪口が巷《ちまた》にあふれている。よくもまあ、特定の地域の市民のことをここまでけなせるなあと感心してしまったが、ネットで見つけたものにこんなのもある。

「京都人に褒められたら真に受けたらあかん。京都の人間は本音を生八ツ橋に包んでいるんや。褒め言葉は馬鹿にされていると思ったほうがよろしいで」

ある大阪人の言葉だが、ここまでくると、「あんたのほうが陰険で皮肉屋で底意地が悪い！」といいたくなる。

『京都ぎらい』（井上章一著・朝日新書）がベストセラーになってから、京都人バッシングはより激しくなった。しかし、『京都ぎらい』は洛中の人たちによる洛外に対する差別意識を紹介した内容だという井上章一さん自身、右京区出身の京都人である。したがって、単純な京都批判ではなく、京都内の階層意識をとりあげた本といっていい。

平たくいえば、大阪市内出身の人間が大阪府下の地域を見下しているのと同じで、「地域学」である。このことを面白がってとりあげたのが、県民意識や県民食を盛りに盛って放送したテレビ番組で、僕の実感ではこれを機に京都バッシングが過熱していったようだ。要するにこの番組はヤラセで粉飾しているシーンも多く、沖縄もその標的にされた。

沖縄に在住していたときに、沖縄の飲食をとりあげた番組を制作したいということで、僕も番組担当者からコメントを求められたことがある。その人いわく、

「沖縄の人たちは酒を飲んだあとにラーメンでなく、ステーキを締めで食べながらまた飲み直す」

というものだった。僕が沖縄で文筆活動を続けていたから依頼があったのだろうが、はっきりいう。沖縄人がアルコールを飲んだあと、締めにステーキを食べるなどという食習慣は断じてない。沖縄には飲み友達もたくさんいるが、飲んだあとにステーキで締めるなんてことは一度もやったことがない。

なぜ、そんな都市伝説が生まれたのかを解明するのはたやすい。沖縄のステーキハウスは深夜も営業している店が多く、早朝まで開けているところも少なくない。つまり、ステーキハウスながら、遅くから飲み始めた人たちや、飲食店などのシフト制で夜遅く勤務を終えた

人たちの飲食の場にもなっているのだ。

事実、メニューもステーキだけではなく、フライドチキンやフライドライスやタコスなどの単品もあるし、ドリンクもビールはむろんのこと、ワインや泡盛までそろっている。

出所は知っている。日本各地の居酒屋をめぐる旅の本の沖縄編で、ステーキハウスを案内した人の会話が掲載されている。

ただし、「沖縄では締めはステーキですよ」などとは書かれていない。「沖縄に来たからにはステーキも食べないと」という意味で誘っただけなのだ。その会話文がどう読み違えて広まったのか、いつのまにか、沖縄では締めはステーキという都市伝説が根づいてしまった。

実のところ、僕はその本に登場したステーキを食べようと誘った人の友人なので、この件の真実についてはよ〜く知っていたのだ。

なので、担当者には、

「それは作り話ですからコメントできません。そんな番組が放送されたら沖縄の人たちの酒癖の嘘がまかり通るので、番組制作も再検討してください」

そうはっきり述べたが、結局はヤラセ満載の内容で放送されてしまった。

それどころか、沖縄人は酒飲みから始まって、沖縄人は酒にだらしない、終電のない沖縄は朝まで飲んでいる人が多いから働かない、などという悪意に満ちたデマがまかり通るようになった。まあ、100パーセント嘘ではないが県民全員がそうであるはずがないし、だいいち酒に溺れている人間はどの都道府県にもいる。

国税庁統計情報（2016年）の都道府県別アルコール消費量調査によると、トップ3は上から、東京都、鹿児島県、宮崎県で沖縄県は4位である。

先の番組制作者は東京人がいちばん飲んでいることをお忘れなく。付け加えておくと、ハイセンスでオシャレな飲み方をしているはずの東京のサラリーマンの飲み方なんぞはいちばんだらしない。

わたしゃ東京にも長く住んでいましたから、そのへんの事情は聖書に誓えるほど真実を述べている。本書をお読みの方も心当たりがあるだろう。

あとを絶たない偏見

沖縄についても容赦のないバッシングをたたきつける人もいる。

「沖縄料理はまずい」「泡盛は臭くて悪酔いする」程度なら好みの問題だからとやかくいう

つもりはない。そんなにまずくて臭かったら、「あんたは食わねばいい、飲まねばいい」と返せるが、穏やかでないデマを投げつける人も半端なく多い。

排他的、反日、沖縄人は中国人、第三国人、本土人をヤマトンチュと区別する、野蛮人、はては大阪府警の機動隊が市民を「土人！」呼ばわりした事件まで、差別発言はあとをたない。

実のところ僕は子どもの頃、大阪で育っているのだが、そのときのあだ名は「土人」「外人」であった。昭和40年代初頭の頃だが、差別表現に対する意識が高くなったいまでも「土人」と叫ぶ警察官がいるとは夢にも思わなかった。

あるいはもしかすると、警察内ではいいつがれているのではないかとも疑ったりしたが、差別は解消しないどころか連鎖することをまざまざと思い知らされた。

これらの差別発言は辺野古《へのこ》の新基地建設などいわゆる沖縄問題が起源になっていて、政治的な意味合いが深く刻み込まれている。

しかし、戦前から沖縄差別は社会問題化するほど顕在化していて、沖縄人のことを「琉球人」「リキ人（琉球人）」と呼んで結婚差別をしたり、「琉球人お断り」という札を下げたりした飲食店が70年代まであった。

２０１６年には東京に異動になった琉球新報の記者が住居を探していたときに、家主から「琉球新報の人間には貸したくない」と入居を断られたことがあった。

本書の主旨である「ややこしい京都人と沖縄人の真実」を書くきっかけになったのは、京都人へのバッシングや沖縄人に対する偏見も大きな要因になっている。

「ややこしい人たちやなあ」ですめばお笑いにもなるが、他府県人に対する偏見やメディアによる真実のねじまげが激化すれば差別に発展する。

たとえば「京都人はイケズ」というフレーズは都市伝説を超えて日本全国にあたかも真実のように蔓延《まんえん》している。これが曲解されれば社会問題になるおそれもある。

仮に京都出身の人が他府県に引っ越しをし、子どもが転校した場合のことを考えていただきたい。

「おまえ、京都人か。だったら性格もイケズだろう」と茶化され、イケズというあだ名でもつけられたら差別事件に発展する。

「沖縄人は中国に帰れ！」「朝鮮人は朝鮮に帰れ！」というデモ行進が現実に起きている世の中である。残念ながら日本は差別や偏見の自浄能力の低い国で、それゆえ個人的には民度の低い国と思っている。

本来なら、京都人がイケズというならその根拠を示せといいたい。沖縄人が反日で土人というなら、なぜそう思うのか証拠をあげなさいといいたいのである。

京都と沖縄は排他的か？

京都人と沖縄人に対するバッシングとして共通しているのは「排他的」であるという言説だ。しかし、『東京育ちの京都案内』（麻生圭子著・文春文庫）にはこう書かれている。

「私は東京の頃より、友だちが増えました。相性が合うんですね。排他的ということも感じたことがありません」

まったく同感である。僕は大学時代を京都で暮らし、その後も春夏秋冬、京都に通い、沖縄で過ごした時代も花の季節や年末には必ず京都に足を運び、初老期になってついに京都に居を構えた。

何がいいたいかというと、その間、一度もイケズにあったことがないのである。京都暮らしに何一つ不満はないが、それでもなにかひとつあげよといわれたら、桜と紅葉は拝ましていただいたけれど、イケズだけは見たことがないことがそれだ。

だからこそいまもってホンマモンのイケズが存在するなら、その個別体験を目《ま》の当たりにするなり、のぞき見したいとまで思っている。

もっといえば、ワタクシは根が性悪ゆえ、「京都人にこうしたら向こうから存分にイケズを味わわせてくれる」という必殺イケズ仕掛け人になってもいいと思ったりするのだが、あるいはもしかするとイケズされているのに、そのことに気づかずに生きてきたかもしれない。

が、それほどまでに京都のイケズがわかりにくいなら、人畜無害すぎてイケズとはなんぞやと問いたくなる。京都出身で『イケズの構造』（新潮社）を著した入江敦彦《いりえあつひこ》氏はイケズの例をこう述べている。

「たとえばイケズとは、くだんのお姫様の布団の下へ豆を歳《とし》の数だけ節分の夜に忍ばせるような行為。そして彼女が気づき抗議してきたら〈残さんとお食べやす。縁起よろしおすえ〉と微笑んでみせるのです」

入江氏はこれぞ「ほぼ完璧なイケズやわ」と述べているが、なにやら大奥の御局様《おつぼねさま》のような意地悪で、現実には嫁姑の確執でもこんなシーンは存在しないだろう（と信じたい）。

完全なフィクション

よって、僕は京都人がイケズというのは神話であると断定している。

しかし、イケズを外部から持ち込み、それが原因でこの神話がさも真実かのように広めた人がいる。どういうことかというと、京都人がイケズではなく、イケズであるかのように仕立てた人物がいるということだ。

出所は１７７５（安永４）年に出版された笑話本《しょうわぼん》『一のもり』の小噺《こばなし》で、同じようなネタが１８０８（文化５）年の十返舎一九《じっぺんしゃいっく》の小噺集にもあるという。十返舎一九は江戸住まいの戯作者で『東海道中膝栗毛《ひざくりげ》』を書いた人物として知られているが、上方《かみがた》（京阪神地方）に在住したことがあるので、そのときにこの噺を仕入れたかもしれない。これがのちに『京のぶぶ漬け』あるいは『京の茶漬』という上方落語で演じられ、人気を博したという経緯をたどっている。つまりは作り話で、完全なるフィクションなのだ。

しかも笑話本が出版された当初は京都に限った噺ではなかったらしい。噺の展開がなんとなく京都っぽいということから、落語では京都が舞台になった。

ということは江戸中期には「京都あるある」噺というイメージができあがっていたのかど

うか。

むろん確証はない。

ワタクシはどんなジャンルの音楽も聞かないし、まったく関心がなく、お店のBGMですらいまいましく思うほど、心の中が荒蕪《こうぶ》の地のように殺風景きわまりない人間で、ホントは音響機器など必要ないのだが、ごく小型のコンポは置いてある。

なぜかというと落語がないと生きていけない人間だからだ。それほど落語は生活の一部になっていて、趣味を超えている。車の中でも落語のCDを聞くし、寝るときもスマホにヘッドフォンのスタイルで落語を聞く。でないと不眠症がひどくなるタチで、落語は依存症にはなるが、副作用のない睡眠薬だと思っている。

なので『京の茶漬』も暗記するほど聞いている。ためしに、桂米朝《かつらべいちょう》師匠の『京の茶漬』を聞きながら、あらすじのポイントを拾ってみることにしよう。

『京の茶漬』あらすじ

京都の得意先をよく訪れる大阪の商人がいて、帰りがけになると必ずそこのおかみさんが、

「なんもおへんのどすけど、ちょっとお茶漬けでも」と声をかけるのだが、茶漬けなど出たためしがない。

そこで、腹を立てた商人が、「よし、いっぺんあの茶漬けを食うてこましたろ」と商用にかこつけて昼時に得意先にやって来る。

あいにく主人は留守で上がり込んで待つことにする。その間、おかみさんと雑談をし、茶漬けのことを匂わせた会話もするのだが、おかみさんは気づいていないそぶりをする。何度も駆け引きをしながら話題を茶漬けにもっていこうとするのだが、おかみさんはそしらぬふりを続ける。

「これはあかんな」と諦めた商人、引き上げるあいさつをしたところ、今度はおかみさんがしくじってしまった。つい、いつもの癖で、「えらいすんまへんなあ。あの何にもおへんけどちょっとお茶漬けでも」といってしまう。

商人にしてみれば、まさにこの一言を待ってました！　なのである。

「さよか、えらいすんまへんなあ」と遠慮なしに居座る。おかみさんはしまったと思ってもすべてはあとの祭り。台所へ行ったものの、ご飯はほとんど残っていない。

そこで、あるかぎりのご飯をかき集めて茶碗に盛り、漬物をそえて商人の前へさし出した。

あまりに少ないご飯を商人はすぐに食べてしまい、「おかわりを」といいたいものの、おかみさんは知らん顔で後ろを向いたまま。むろん、彼女はそのことに気づいているのだが、ないものはないので、無視を決め込むしかない。

で、商人はこっちを向かそうと、「このお茶碗は清水焼でっしゃろ。いい茶碗でんなあ。土産に五つほど買うて帰りたい。この茶碗はどこでお求めになりました」と空の茶碗をおかみさんの目の前へ突き出した。

するとおかみさんも負けていない。「これといっしょにそこの荒物屋で買うたん」と、からっぽのおひつを突き出したというのがオチだ。

京都へのコンプレックス

つまり、「ちょっとお茶漬けでも」というのは、おかまいもできずにすみませんというあいさつで、そういわれたら訪問者は「いえいえ、こちらこそ長居してしもうて。そろそろ帰ります」という符牒《ふちょう》のようなものなのだ。

ただし、この符牒もどきみたいなやりとりも作り話で、京都にはそんな慣習はない。この

噺の真偽を行きつけの酒場のおかみさんに聞いたところ、

「お客さんに対して、いくらなんでもそんなお茶漬けみたいな恥ずかしいもん、出されへんわあ。かえって失礼や。それに、昔もいまもお茶やら飲み物を出すとしたら茶菓子を添えるくらいちゃうの」

というご返事でしたな。ケチな大阪人のワタクシもまったくその通りやと思いますわ。

事実、京都のみならず江戸の大店《おおだな》でもふだんの食事は質素なもので、客に食べてもらえるような料理など出さなかった。商売上、無碍《むげ》にはできない大切な人なら仕出し弁当を出すことはあっても、そもそも、どんな土地でも、昼時に家を訪ねること自体、失礼・無礼な振舞いとされてきたはずである。

これが常識というもので、ごくふつうに考えると、非常識なのは大阪の商人ではないか。大阪育ちの僕のような人間なら、この落語は京都のイケズをいじっているのではなく、たかがお茶漬けを食べたいがために京都まで訪ねていく大阪の商人のほうが、よほどケチでせこいことを伏線にしていると理解できる。

実のところお茶菓子については僕自身、体験した話がある。京都のひな祭りの取材で編集者と2人で某町家《まちや》を訪ねた帰りに錦《にしき》市場をぶらついていたときのこと。編集者の肩を叩く人がいた。先ほど取材させてもらった老婦人であった。走ってこられたのか少し息せき切っている。

「お二人がお帰りになられてすぐ追いかけてきたんやけど会えてよかったわ。お菓子を召し上がらなかったでしょ。食べられんようやったら、遠慮せんと懐紙《かいし》に包んで持って帰ったらええの」

といって、わざわざ和菓子を包んで僕たちを探していたと話された。取材の席で和菓子を供されたのだが、なんとなく気後れし、食べずにそのまま残してその家を出たのであった。

京都人の気遣い、心配り、作法というものが、この出来事に凝縮されている。

わが居宅の家主さんも然り。毎春、筍ずくめの重箱、秋には灰干しさんまなどを差し入れてくれる。知人の女性はすぐきの漬物やおそうざいをもってきてくれる。いろんな土地で暮らしたが、ここまでしてくれたのは京都だけだ。

それに比べてお茶漬け伝説の大阪商人のせこさはなんと表現したらいいのだろう。生まれも育ちも大阪の僕には耳の痛い落語で、あの桂米朝師匠も、

「これは昔の噺で、今の京都はずいぶん派手なところになりましたが、それでもやはり京都ではちょっとやりにくい噺ではあります」（『桂米朝コレクション　上方落語8』・ちくま文庫）

と吐露している。

つまりは京の茶漬けは「京都人あるある」ではなく「大阪人あるある」を描いた小噺というわけで、この文脈を読み違えるとこの落語の面白みは半減する。

実際、京都在住のどんな人に尋ねても「聞いたことも体験したこともない」というから、これは作り話にオヒレがついたものでしかないようだ。あったとしても、どうもそういう風潮を広げたのは大阪ではないかと僕は考えている。浪花《なにわ》っ子には申し訳ないが、大阪人は京都に対する強烈なコンプレックスがあった。

桂米朝『始末の極意』に見るケチの極意

京都は朝廷がある王城の地であるのに対して、大阪は商《あきな》いを生業《なりわい》にする商都。身分が違いすぎて、古来、京都にはかなわないという気分が横溢《おういつ》していた。

僕の子ども時代の大阪ではスリッパで歩けても、京都へはきちんと白い靴下とよそゆきの靴を履いて出かけたものだった。しかも、古来、大阪人はケチで通っていた都市だった。

桂米朝師匠のおはこであった『始末の極意』という落語にはそのケチっぷりがこれでもか

と登場する。始末とは倹約のことだが、大阪では「もったいないからケチる」という意味にもなる。『始末の極意』はそのケチの極意を教える師匠（＝○）とその弟子の話で、扇子の使い方を思いついたと弟子（＝△）が師匠に得意げに話す。

△「扇子の使い方をこないだ考えました」
○「どうすんねん」
△「1本扇子があったら、10年間もたせることができます。まずこの扇子を半分広げる。ほいで半分広げたところで、これをこう丁寧に大事に使うと、5年ぐらいもつわ。5年たったらさすがに真っ黒けになって、ボロボロになるさかい、そこでこれをすぼめてまたきれいなほうを広げて、これでこう5年いきまんねん。ほな、都合10年もちまっしゃろ」
○「そんなことしたら、10年ぐらいよりもたんがな。わしなら扇子1本あったら一生涯といいたいが、孫子の代まで伝えてみせるな」
△「孫子の代まで。どないしまんねん」
○「おまえはんみたいに半分ずつというケチなことはいわん。サーッとこういっぱいに広

げる。で、これをこうここへ持ってきて、扇子を動かさずに顔のほうをこう動かす」
△「……それではあんた、涼しいことおまへんやろ」
○「ま、それぐらいは辛抱せえ」
△「そら何を言うのやいな。なんのために扇子持ってんのやわからん、それでは。～～」

というもので、大阪人は自分たちが始末のしようがないほどケチであることをギャグにまで昇華させたのである。京都人の始末などとても及ばない。この大阪人のケチについては司馬遼太郎の対談集『九つの問答』（朝日文芸文庫）の「落語から見た上方と江戸」で桂米朝師匠はこう述べている。

司馬「江戸時代から東京では食通というのがあって、大阪には食通はまあ存在しない。江戸では大工さんとか左官屋さんとかは、『宵越《よいご》しの金は持たない』わけですから、食べることで散財する。ところが、江戸の食べ物は不味《まず》かった。だから、〈どこそこまで行ったらうまい店がある〉という食べ物情報が、重要なものになる。それが食通という情報屋さんを誕生させた――そう私は勝手に考えているんですが」

米朝「江戸では、江戸時代に食べ物の番付がたくさんできている。大阪ではウマいものがあったら、人に教えませんわ（笑い）」

といった具合で、昔の大阪人ならありうるなと僕も同調させていただくのだが、京都人はうまいものとなったら、別の章でも紹介するが情報交換したものを共有する。だから新店舗で評判のいい店は酒場のカウンターでもあっという間に広まるし、実際に食べた感想も述べ合う。実のところ、僕が紹介する店もそれに依《よ》るところが大きい。

それに比べて、大阪人は胸の中を明かさず、「もうかってまっか?」「ぼちぼちですわ」というような会話がふつうにあり、しかも大阪人は京都に対するコンプレックスがあるから船《せん》場《ば》の大店は格式をあげるために、京都の公家やお店の娘さんを嫁に迎えたという話も伝わっている。

つまりは、京都人はお高くとまっているつもりはなくても、格式が下に見られる大阪人は「都」に対するライバル意識が強く、隣同士でも両地は昔から仲が悪い。

その仕返しとしてのギャグが『京の茶漬』には散見できるのだ。

ただし、この落語の焦点をさらに深掘りして、茶漬け伝説を京都人の都市生活者の知恵として考えれば、意味するところは奥深くなる。

秩序を壊さないためのルール

「親しき仲にも礼儀あり」という言葉があるけれど、人間というものは親しさに慣れすぎると不作法というか、みっともない真似をすることがある。

土地が狭くて同じ場所に何代も住んでいる人が多い京都では、周囲の人と適度な距離を保つことは秩序を壊さないための大切なルールなのだ。それゆえ、「親しき仲にも礼儀あり」ではなく、「親しき仲だからこそ礼儀が必要」なのである。

この点は沖縄も同様である。小さな島で、しかも強い血縁共同体によって社会が成立している沖縄では、人間関係の距離を間違えたり、気持ちにゆとりがなくなったりすると諍《いさか》いに発展しやすい。そんなシーンを僕もいやというほど見てきたが、収拾がつかない場合は、どちらかが島を出ていくケースさえある。

それを防ぐために、沖縄人のDNAにすりこまれたのが「テーゲー」である。沖縄人のすべての気質はテーゲーに通じているといっていい。

テーゲーとは「おおまか、おおよそ、大概」を意味し、沖縄人で知らぬ者はいない島言葉である。そこから発展して、「問題をつきつめて考えずにおおまかに受け止める、おおらかな態度」と解説している本もあるが、ただし一歩間違えると、おおらかさもいいかげんになって、「親しき仲にも礼儀あり」を忘れた不作法がまかり通ることがある。そうなるとこんな小さな島社会では骨肉の争いとなって、親兄弟親戚の関係がズタズタになり、島社会の健全な関係が壊れてしまう。

そうならないために、沖縄人は物事や人間関係に対して、テーゲー精神を駆使しながら、万事寛容にすませる風潮を築きあげた。

「テーゲーは沖縄社会における軟骨である」との名言をいい放った友人がいる。いわく、骨と骨がじかに当たるとギスギスする。それを防ぐのが軟骨だ。狭い島社会がギスギスしないよう、沖縄人はテーゲーという軟骨の役割を務める処世術を身につけたのだ、というのだ。

もっといえばどんなミスをしても相手を追い詰めない、追い詰められないという奥深い関係である。そのためには人間に「ゆとり」と「幅」が必要で、これすなわち京都の風潮でもある適度な距離感に通ずる。

よく沖縄人は人間同士の距離が近すぎて他人の心にズカズカと踏み込んできたり、他人の心の扉を勝手に開けたりするという人がいるが、それこそ「ゆとり」のない人の言い分にして、言い訳である。

京都と沖縄という大人社会

僕は取材で沖縄の島々をめぐることが多いが、どの島にも度量が広い人や教養人、あるいは礼儀作法の鑑《かがみ》というべき人に出会う。それゆえ、京都と沖縄の異質性のなかに同質性があることを垣間見るのだが、ともかくも、京都人の「親しき仲だからこそ礼儀が必要」も、沖縄人の「相手を追い詰めず、自分も追い詰められない」という論理も、特定の人たちを追い込む、ネトウヨ化する一方の現代日本社会にこそ必要なはずだ。

都がおかれていた京都では、先進地の都市生活者としてのそうしたルールが暗黙のうちにできあがっていたかと思える。沖縄も王朝時代から東アジアの交差点として大交易で栄えた国だったから、日本をはるかに超える勢いで海外との交流を盛んに繰り返してきた国際先進都市だった。そんな「都市」が排他的であるはずがない。

いちばんの証拠が京都や沖縄が日本屈指の観光地として、オーバーツーリズムという同じ悩みを抱えるほど、日本各地や世界からツーリストがやってきている点である。バッシングする人に逆に問いたい。イケズや排他的な土地がなぜこれほどまでに、観光地や移住地としてたゆまぬブームを巻き起こしているのか。

京都と沖縄を行き来していると肌で実感できるのだが、人間の気風がまったく違うようで、どちらも人間同士の距離感が絶妙で、ホスピタリティが高い。だから僕のようなへんこ（＝偏屈）でも両地で過ごせるのだ。

これが地方のよそさんには理解できず、京都人をイケズと信じ込み、沖縄人は排他的という具合にオヒレがついてしまった。

というといいすぎかもしれないが、いずれにしても、この意地悪伝説を京都人や沖縄人が無理にうちけそうとせず、風のごとく雲のごとく、そこはかとなく聞き流しているところが、僕にはいかにも都会人らしく思えてならないのだ。

なんだかんだいっても、京都と沖縄は大人社会ですな。

歩

散歩と
渡来人と
多様性と

僕が京都を選んだ理由

歩くのが好きだ。というより散歩好きかな。いまは京都市上京区の鴨川（地元では出町柳の鴨川デルタより上流を賀茂川、下流を鴨川と表現するが、本書では河川法で表記されている鴨川で統一する）と高野川が合流する賀茂大橋界隈《かいわい》を歩いている。

いつもの散歩コースだ。自宅から鴨川の土手に出て、北山橋を越えて東詰《ひがしづめ》の土手をそのまま下って賀茂大橋へ。近隣には御所や下鴨神社や出町枡形《ますがた》商店街があるので、あたりをぶらぶらしたあとに賀茂大橋西詰《にしづめ》の土手に下りて北上。北大路橋か北山橋まで行って自宅に戻るというコースだ。

片道2キロ、寄り道分を加えて往復4〜5キロの手軽な距離だ。

なんの目的もない。景色を遮るものがなく大きな青い空と穏やかで澄んだ川の流れ、そしてたおやかにうねる山嶺と比叡山《ひえいざん》を眺め歩く。ここぞ京都きっての「山紫水明処《さんしすいめいしょ》」を総取りした贅沢な散歩道だ。

僕が沖縄というか那覇を離れ、京都を選んだ最大の理由はこれだった。

そう、散歩できる町かどうか。モノカキという人間は書斎のなかにしかいないと思われるかもしれないが、木々の青葉や木の間隠れに見える花やそよ吹く風を五感で感じとれる場所にいないとロクな発想が生まれてこない。

春の桜、初夏の新緑、祇園祭の調べが聞こえる真夏の四条通り、秋立つ頃にそこかしこから香る金木犀《きんもくせい》、雪が積もると地元の人もカメラを持って出かける金閣寺や鴨川の土手……。京都は四季の表情が豊かでメリハリがある。そんな風景が京都を舞台にした数々の文学や映画を生み出してきた。

自然だけではない。電車のなかの読書と同じで、カフェの喧騒《けんそう》もかえって集中できるので、繁華街の三条方面に出向くときは満開の桜が見える六角堂そばのスターバックスがいまや僕の第二の書斎になっている。

空が狭くなった那覇

一方の沖縄は止むことのないスクラップアンドビルドで町は激変し、高層ビルやマンションだらけになった。戦後日本が経験したことのないほどのスピードで町が再開発されている那覇は、過去の風景が失せ、空が狭くなった。僕が住んでいたマンションの部屋からは慶良《けら》間《ま》諸島まで遠望できたが、高層ビル群が立て込んで絶景は見えなくなってしまった。そんな風景は僕にとって、鬱々とするだけで痛々しい。

交通量も増えて那覇の中心部は散歩どころではなくなり、排気ガスに含まれる有害物質が蔓延している。そのせいで、気管支炎、そして気管支喘息に罹患した。いまも沖縄を縦貫する国道58号を歩くととたんに咳き込む始末だ。

地球温暖化に加えて、都市熱で気温も上がり、２０２４年7月の那覇の最高気温は36度まで上がった。１８９０年に統計を取り始めて以降、36度というのは初めてだという。真夏でも32度止まりだった沖縄はかつて避暑地と呼ばれたりもしたが、いまはそうではない。

そんな沖縄にいるときもひまさえあれば歩いていた。最後に暮らした那覇市泊《とまり》では真夏でも那覇空港まで足をのばした。

グーグル・マップによると片道およそ5キロ。でも、海浜ギリギリの道を選んだり、裏道に迷い込んだりしながらぶらぶらしたので、往復すると10キロ以上は歩いていたはずだ。

東京で暮らしていた30代に登山を覚えたのが歩き好きになったいちばんの理由だ。毎週のように八ヶ岳や北アルプス、北関東から東北の山まで出かけ、いつのまにか日本百名山の半分以上を登っていた。それが癖になり、都内の街道筋へもよく足を運んだものだ。

歩いていると思いもよらない発見をした。花であったり、粋な飲み屋やカフェであったり、著名人の住まいであったり、骨董屋や古本屋であったり。これは沖縄や京都でも同じことで、僕の散歩はいまも続いている。

街全体がタイムカプセル

歩いた場所での小さな発見の積み重ねによって、いつしか、「なるほど、この道はここに通じているのか」と、点と点が積み重なって「自分しか知らない散歩道」ができたりする。

京都などは街全体がタイムカプセルのようなもので、歩いていると意外なところに歴史的事件や人物の足跡を残す現場があったことを示す石碑が建っている。最近では紫式部の墓や菅原道真の産湯《うぶゆ》の跡を偶然見つけた。こういう石碑をつないで歩くと「自分だけの平安古道」ができあがる。

京都の飲み屋街の中心地というべき木屋町《きやまち》は『幕末街道』といっても過言ではない。坂本《さかもと》龍馬《りょうま》遭難の地（近江屋跡地）、池田屋事件の跡地、三条小橋のたもとには佐久間象山《さくましょうざん》遭難と大村益次郎《ますじろう》遭難の碑が同じ場所に建っている。そのそばを流れる高瀬川沿いには土佐藩邸、対馬藩邸、その北には長州藩邸、南の四条、大丸付近には薩摩藩邸の跡地が石碑で示されている。

これだけで、高瀬川の舟運が利用できるあたりには大藩が並んでいたことがわかる。

酔客でいつも賑々《にぎにぎ》しい木屋町だが、幕末史をたどる視点で歩くと、近代日本の舞台が浮かんでくるし、もっといえば、この狭い場所が明治維新にいたるまでの謀議《ぼうぎ》、密議、斬り合いの現場になっていたことに驚かされる。

車だと石碑も素通りしてしまう。僕は歴史マニアなので、当時をよりリアルに知るために自分の足でうろつくことにしている。

ためしに夜、江戸の暗い闇を想像しながら先斗町《ぽんとちょう》の路地を歩いてみるといい。

当時は二本差しの浪人があの界隈をうろつき、彼らの狼藉《ろうぜき》を防ぐために新選組の沖田総司《おきたそうじ》や斎藤一《さいとうはじめ》、土方歳三《ひじかたとしぞう》が巡察し、不逞《ふてい》浪士と見るや斬り合いが勃発した。

飲み屋を出たとたんに「天誅《てんちゅう》！」という叫び声とともに惨殺された者もいた。その石碑もある。事実、少し前まで、刀の傷跡が残っていた格子も見受けられたものだ。飲み食いするだけでも命がけの時代がたった１６０年前にあったのだ——。

そんな夜を思い浮かべながら歩くと背筋がゾッとする。いつもと違う先斗町や木屋町を実体験できること請け合いである。

どこからどこまでが京都か

さて、本書には京都と沖縄という地名が頻繁に出てくるが、僕が想定している京都や沖縄とはどのあたりかを定義しておかねばならない。

まずは京都である。僕が京都と表記する場合、北は北山通りから南は京都駅を越えて九条通りあたりまで、東は東大路から、西は右京区の嵐山までの地域をさす。

ただし、「洛中《らくちゅう》」と表記する場合は現在の上京区、中京区、下京区にあたる京都市の中心部、その周辺部は「洛外《らくがい》」で、洛中の北が「洛北《らくほく》」、南が「洛南《らくなん》」、東が「洛東《らくとう》」、西が「洛《らく》西《さい》」になろうか。

『京都ぎらい』（井上章一著）で「洛中」の人々は「洛外」を下に見ていることが話題になったが、この手の話は昔からあって、いまに始まったことではない。

まあ、受け取り方もさまざまで「洛中」住まいでお高くとまっている人は、現在はそれほどいない。洛中はおおざっぱにいえば、西陣《にしじん》の着物や糸関係の大店がならんでいたところだが、いまや着物市場や和装小物などの需要の落ち込みにより、「糸関係」は斜陽産業（といったら叱られるかな）なので、エバるほうが時代遅れ。上流階層は北区や左京区の洛北に大邸宅を構えている。

僕が学生だった頃の洛北は大学が集中している関係で、下宿屋やアパート、寮が多かったが、学生の数が減るとともにベッドタウン化し、いまや高級住宅地である。

僕はその頃から北区と左京区を住処《すみか》にしていた。つまり洛北である。

というと、身分を誤解されるが、学生時代からルンプロ（ルンペンプロレタリアート）的低階層生活をしてきたワタクシのような者でも探せば暮らせる穴場もあるのだ。なにしろ鴨川にも近く、静かで落ち着いていて、背後は北山連峰から比叡山山頂まで望める。個人的には京都でいちばん住環境の優れた絶景の地と考えている。

すぐ北は北山通りといって、京都の「青山通り」と大げさに書いている本もあるが、かつては畑の多い地域であった。しかし、現在は地下鉄烏丸《からすま》線も通っていることから、オシャレなショップや高級住宅街に変わっている。

鴨川と隣接して東西600メートル、南北500メートルもある京都府立植物園も広がっている。あまり知られていない話だが、いいところは遠慮なく分捕《ぶんど》る米軍は、敗戦直後に自

京都市街中心部

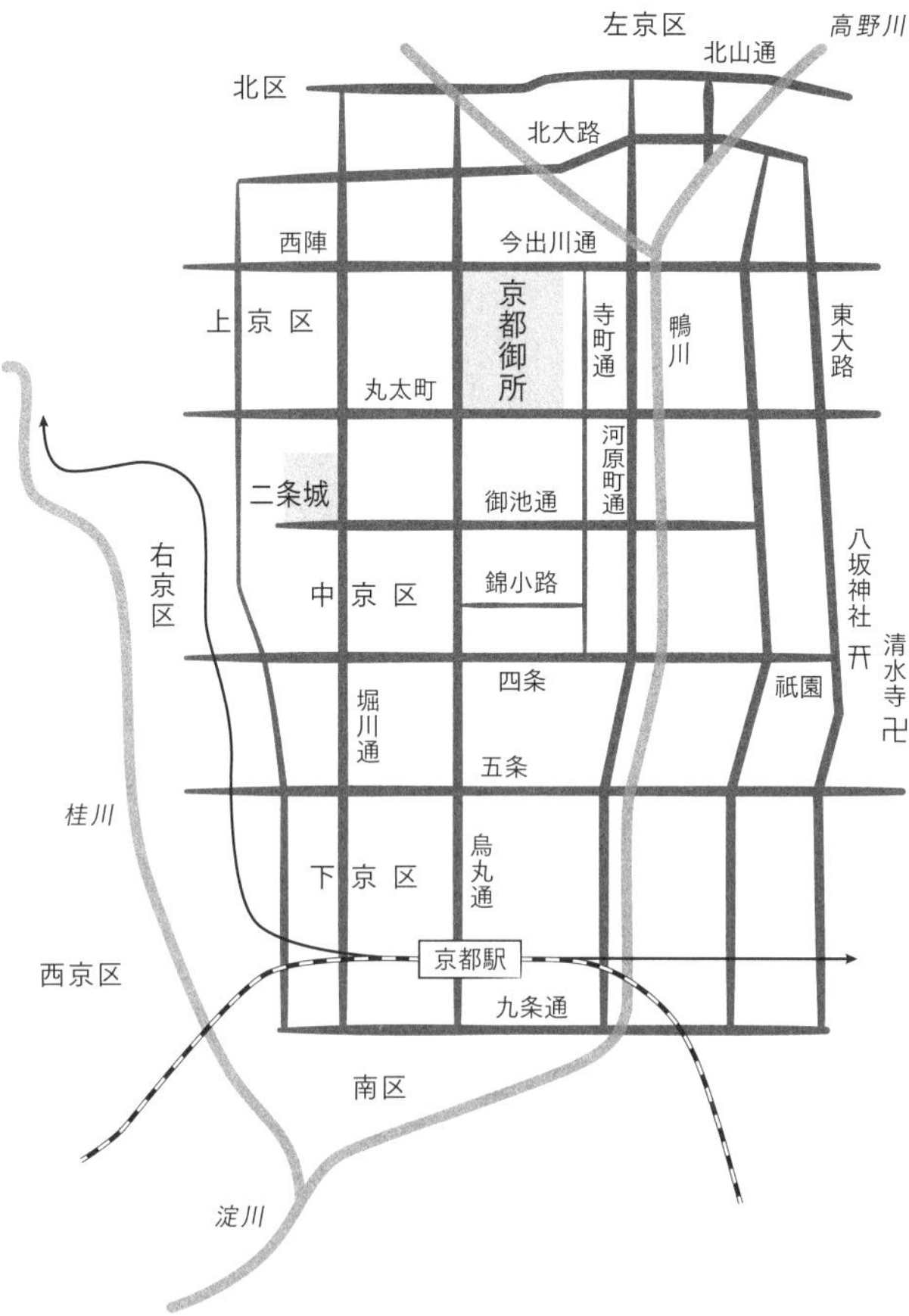
左京区
高野川
北山通
北区
北大路
西陣
今出川通
上京区
京都御所
寺町通
鴨川
東大路
丸太町
河原町通
二条城
御池通
右京区
八坂神社
中京区
錦小路
清水寺
四条
祇園
堀川通
五条
桂川
烏丸通
下京区
西京区
京都駅
九条通
南区
淀川

分たちの住宅地としてこの植物園を接収し、樹木の大半を伐採した。現在は緑がよみがえり、水の流れと五山の送り火も眺めることができる絶景の地だ。

「洛中の人間でも歳をとると北に住みたがりますなあ」

ワタクシの飲み友達はそう証言しているし、実際、引っ越してくる人も少なくない。

洛中は商いの町、北区や左京区は学者、弁護士、医者、芸術家などの教養人や資産家が多いといえばわかりやすいかもしれない。

ちなみに観光地で有名な宇治《うじ》や伏見《ふしみ》は洛外というより、同じ京都市内に隣接しながら別格扱いされていて、ある意味、独立した「京都圏」といっていい。なので、洛中、洛外の人が物見遊山《ものみゆさん》で宇治や伏見に出かけるときは一日がかりの小旅行のような感覚で、僕自身もガイドブックを持参し、小さな旅を楽しむ気分になっている。

京都府下の福知山《ふくちやま》市、綾部市などはもはや「京都」にあらずで、府下の人々も俗にいう「京都人」とは思っておらず、出身地を聞かれると、その市をあげるか、日本海に面している最北部の舞鶴市や宮津市などは「丹後《たんご》」という地名でくくられている。

京都人の足は自転車

平安京というと大都市のように思われるが、実のところ、東西約4・5キロ、南北約5・2キロ程度しかなかった。

現在は市街地が広がっているが、それでも北端の北山通りから南の九条通りまでは約8・2キロ、東大路から嵐山まで約11・5キロでしかない。つまり、平安遷都から1200年の間におおよそ2倍くらいしか広がっていないことになる。

いいかえれば、都市というのは機能としてはこの程度の広さがいちばん手頃といえるかもしれない。

その証拠に京都人の足は自転車である。細い道路や路地で構成されている京都は車よりも自転車向きで、歩き回る場合もバスや地下鉄をつないで動くほうが手っ取り早い。

ワタクシがひまをもてあましているときは、北端に近い北山橋から京都駅に近い七条大橋まで鴨川の土手を歩くことがある。距離にして7・5キロ。鴨川を吹き渡る穏やかな風と川面に浮かぶ水鳥を眺め歩く、1時間半ほどの絶好の散歩コースである。

京都は北が高く南が低いことはよく知られている。なので、京都市内の住所表示で、北へ行くことを「上ル《あが》」、南へ行くことを「下ル《さが》」と表現する。

高低差の目安として京都では北の金閣寺と南の東寺《とうじ》の五重の塔の高さがよく引き合いに出される。東寺の五重の塔は高さ約55メートル。これがイコール南北の高低差になる。したがって、標高差にしたがえば「下ル」ほうが楽になる。実際に北から南に自転車を走らせると漕《こ》がなくてすむのだが、逆は登り一辺倒なのであえぎながら走ることになる。

気が遠くなる沖縄の広さ

沖縄の定義については、くどいほど説明が必要になる。ひと口に沖縄といっても広い。県庁所在地の那覇がある沖縄本島から県最西端の与那国島《よなぐにじま》までの直線距離は約510キロメートル。同じ南西《なんせい》諸島を構成する奄美《あまみ》諸島まで含めるとその距離は東西約900キロにも達する。これは東京・福岡間の距離に匹敵する。

ついでながら最北端の伊平屋島《いへやじま》と最南端の波照間島《はてるまじま》の距離は約500キロに及ぶ。本土からみれば沖縄はいかにも小さな島に思えるかもしれないが、ちょっと気の遠くなるほどの広大な海に大小さまざまな島々が浮かんでいるのである。

沖縄

その版図《はんと》はもちろん全国一で、ほかにこれほどまでの広がりを持つ県は類例がない。

僕は仕事絡みや私的な旅で那覇を拠点に北は奄美諸島から沖縄諸島、宮古諸島、八重山《やえやま》諸島にいたるまで、ほとんどの島に行き尽くした。そして出かけた先々で必ずといっていいほど台風と遭遇している。

実のところこれはたいそう貴重な体験なのだ。前述したように南西諸島の海域は広すぎるほど広いので、すべての島が台風に襲われるわけではない。いいかえればそんな巨大な台風が存在すれば、進路しだいでは日本列島全体を丸呑みすることになる。

沖縄には年間約7〜8つの台風が来襲するが、実のところ、沖縄県全体ではないのだ。進路によって、南北大東島や沖縄本島、その周辺を通過することもあれば、宮古諸島や八重山諸島を直撃することもある。あるいは沖縄諸島と宮古諸島の間を抜けていく場合もあるし、八重山諸島を通過した台風が東寄りの進路をとれば、宮古諸島や沖縄諸島に接近したり通過したりする。

なので、沖縄諸島が暴風雨にさらされていたとしても、宮古・八重山諸島は台風などどこ吹く風でピーカンに晴れているケースも多いのだ。

つまり、台風が沖縄県に接近しても島々の位置する場所や台風の進路によって、それぞれの島の天候は白と黒ほどに違っているというわけだ。

首里と那覇の関係

それほど広大な海域に散らばる「沖縄県」だから、島によって歩んだ歴史や風土、文化も異なる。もっといえば言葉や日常の会話も違う。そのぶん、島人《しまんちゅ》のアイデンティティは島によっても島内の地域によってもこだわり方がさまざまだ。

もっとも端的な例は首里《しゅり》と那覇の関係である。首里はいまでこそ那覇市に属しているが、1954年に那覇市に併合されるまで「首里市」だった。

いうまでもなく首里は王城の地。王家や高級士族が暮らした土地で、「首里人」＝「すいんちゅ」と自ら呼んだり呼ばれたりする。那覇人と区別していて、那覇に買い物に行くときは「那覇に行く」と厳しく区別していた。事実、いまでも気位が高いとされる。

一方の那覇は平和通りや公設市場があるように商売の町で、その商人は多くは下級士族だった。そもそも琉球王国時代の階級は士族と農民しかなく、落ちぶれた下級士族が商工業にたずさわっていた。自然、禄《ろく》の少ない者や既得権益《きとくけんえき》のない人々は独立心や進取の気性が強くなり、王侯士族ののんびりした首里人と自分たちはよほど違うと認識していたようだ。

その那覇で暮らす人々の気質の違いが俗語で語り継がれている。

首里人はスイズリー（＝首里の人はどこへ行くにも何をするにも皆そろって）、那覇人はナーハイバイ（＝自分勝手でばらばら）、王朝時代の中国系住人の久米《くめ》人はわれ勝ちに、かつて塩炊きのあった泊地区の人は隣近所誘い合って、というのがそれだ。

同じ那覇の久米地区や泊地区でも気質が違っていたのだから、首里と那覇ではよほど気風が異なっていたのも何ら不思議ではない。

王国時代の首里は政治の中心地、港を抱える那覇は交易を中心とした商業地としての違いを誇りとして抱いていたと考えればわかりやすい。

この点は都が置かれた土地ということで、洛中と洛外がはっきり区別されている京都との同質性といっていい。祇園祭のことを洛外の人はこう評する。

「あれは洛中の人の祭りですわ。あちこち道路が封鎖されて、こっちは商売あがったりや」

祇園祭は京都を代表する祭りではあるが、洛外の人々にとっては「商売上、迷惑千万《せんばん》！」

「子どもの頃、行ったきりや」という人までいる。よくよく考えれば、洛外には洛外の祭りがあり、確かにこちらで暮らしてみれば、祇園祭だけが異様に優遇されてみえたりもする。

日本人は「都会」と「鄙《ひな》」を区別したがる民族だが、それとは別に、その土地に「都」があるなしで、住民の気質や気風がこれほど違ってくるのは、日本広しといえども京都と首里ぐらいではないか。

沖縄人のルーツ

話はそれたが、沖縄は狭いようで広い。同じ県民といっても初めて訪れる島に出かけるときは誰しも旅人になる。ましてや僕のような移住者は島を一度や二度訪れたところで、そこで暮らす人々のアイデンティティなど推し量れるものではない。

当たり前ですな。南西諸島の東西間が東京・福岡間の距離ほどもあるのだから、多様性がないほうがおかしい。実際に、沖縄県というのは行政上の区分だけであって、南西諸島の西側に位置する八重山諸島の人々は那覇に出かけることを「沖縄に行く」といったりする。行政上は沖縄県であっても、ことほどさように沖縄は多様性を剥《む》き出しにした集合体といっていい。むろん、沖縄人は単一民族ではない。

土着の人が住む島に、東南アジア、中国、朝鮮半島、日本などから波状的にさまざまな人たちが技術をたずさえてやってきて混血し、現在の沖縄人を基礎づけた。漁労に始まって稲作などの食文化、言語、信仰、行事なども混合して、多様性を広げてはさまざまな島に伝播《でんぱ》した。

そもそも顔つきからしてさまざまだ。一般に沖縄人は顔の造作が濃いというが、色白で卵型のスッキリとした顔だちの人もいる。毛深いとはいわれるが、まったくそうでない人もいる。

たとえば僕の顔は四角ばってゲタのような顔の形をしている。しかもすこぶる濃い顔つきである。

さすがウチナーンチュ二世というのか、顔だけはきっちりウチナージラー（沖縄的な濃い顔）が遺伝した。僕が生まれ育った大阪にはこういう顔が少なかったために、ヒジョーに目立った。子どもの頃の僕は「土人」「外人」というあだ名がついたことはすでにふれているが、差別だけでなく、この顔つきも影響していたかもしれない。

そういえば韓国の釜山《プサン》に行ったとき、食堂のオバチャンに「あんたはどこから来たのか」と聞かれたことがあった。

「日本から来ました」というと、そのオバチャンは顔をしかめ、「日本人だと？　嘘をつけ、あんたはフィリピン人だ。顔でわかる」と断定した。

そのときウチナージラーというのは、よほど日本人離れした顔なのだなあとつくづく実感したのだが、最近の研究によるとこれが明らかになりつつあるらしい。

これまでの研究から、沖縄人の直接的な祖先は具志頭《ぐしかみ》村で発掘された化石人骨「港川人《みなとがわじん》」（1万8000年前の人類で縄文人の先祖）と考えられてきたのだが、そのルーツはインドネシアのジャワ島だといわれている。そこから北進したグループはフィリピン諸島に渡海。このフィリピンからさらに一部の人々が黒潮にのって琉球諸島に流れ着き、これらの人が港川人になったというわけなのだ（最新の研究では直接の祖先説は否定されている）。

まだ確証はないにしても、こうなると釜山のオバチャンが指摘したように、僕のルーツはフィリピンといういい方もできてしまうのである。

しかしまあ、自分を日本人と規定するよりも、太平洋種族と規定するほうがなんとなく胸のすく思いもする。

ついでにいうと、琉球諸島からさらに黒潮を利用して薩摩に渡った一族もいたという。鹿児島の人たちは、人類学上では「薩摩型」と呼ばれるほどに顔の濃いタイプが多いし、土佐人もその傾向がある気がする。あくまで推論にすぎないが、黒潮人という定義があれば琉球、薩摩、土佐、紀伊あたりは漁労を生業とした同型種のような気もする。

京都の「出雲路」

などと、考えながら賀茂大橋を西側にわたる。ここでUターンして北大路橋方面に向かう。東側には比叡山が一段と高くそびえ、その南に五山の送り火で有名な大文字《だいもんじ》山の山容を眺めることができる。この女性的なやわらかな稜線が東山三十六峰と呼ばれる東山連山で、南北12キロにわたって伏見の稲荷山まで続く。

京都人のなかには東山連山の山並みを釈迦の涅槃《ねはん》像にたとえる人もいる。けだし名言だ。視線を落とすと清透な鴨川が稜線に沿って流れ、土手に降りる前にせせらぎが聞こえてくる。上空をトンビが舞い、川面には白鷺が水の中をつついている。１４０万人の人口を抱える大都市を流れる河川とは思えないほど優美でゆったりとした景観だ。

何を隠そう、この場所こそワタクシが京洛一の景色と断定しているところなのだ。

さて、後ろ髪をひかれる思いで北上する。すでに北区に入っている。地名も出雲路神楽《いずもじかぐら》町《ちょう》、出雲路俵町《たわらちょう》、出雲路橋と続く。

「京都なのに出雲路？」

と疑問を持った人は鋭い。鋭くない僕でも何か匂うと思った。そう、古代の出雲地域に存在したのではないかといわれる豪族、出雲族のことである。といっても実在性については確証がない。

『京都小路散歩』（邦光史郎《くにみつしろう》・徳間文庫）を読むとこう書かれている。

このあたりを出雲路というのは、昔、出雲郷といっていたからで、賀茂郷といい出雲郷といい、いずれも古代豪族の勢力圏をさしている。つまり出雲路は、出雲族ゆかりの土地ということだろうが、現在の居住者とはなんの縁もつながっていない。

古代史に暗いので、はっきりしたことはいえないが、神楽とくれば「国譲り」や「八岐大蛇《やまたのおろち》」などがこのスポンジ頭にも浮かぶ。俵とくれば米である。

一説に出雲地方では紀元前7世紀頃に、近畿地方では紀元前7〜前6世紀頃に水田稲作が始まったとされている。出雲族がこの地に実在したとなると、平安京が遷都されるはるか千年も昔に京都にやってきて稲作を伝えた連中なのか？

などとは考えたりもするのだが、下鴨神社の境内には出雲井於神社《いずもいのへの》がある。かつての京都の総称である山城国の出雲郷の神社であるらしい。「井於《いのへ》」とは「鴨川のほとり」のことだから、まさにいま歩いているところが、出雲族の拠点だった可能性はきわめて高い。

それにしても、現在の居住者とはなんの縁もない、はるか昔の地名がそのまま残っている点に京都の凄みがあるといっていい。

「多民族国家」京都

ところで、「1200年の都」と呼ばれるせいか、京都の歴史は桓武《かんむ》天皇の平安京遷都から始まっていると思っている人が多いが、このあと述べるように、はるか昔から人々が暮らしていた。

京都が大きく変化するのは5世紀に入ってからである。こういうときに役に立つ本が、京都のみのベストセラーにしてロングセラーの『京都・観光文化検定試験 公式テキストブック』（淡交社）なのだ。

この京都盆地が大きく変化を見せるのは五世紀に入ってからであった。この盆地には、多くの移住者が進出したのである。この移住者たちは、列島内の人々だけでなく、多くの渡来人が含まれていた。北域では賀茂氏・出雲氏の列島内移住者、さらに渡来系の小野氏・秦《はた》氏・土師《はじ》氏・粟田氏・八坂氏があり、南域には、やはり渡来系の高麗《こま》（狛）氏などである。

これら渡来系の移住者は朝鮮半島の人々が大半を占めていたが、中国大陸の人々もあった。彼らの多くは、先進的な技術を持った氏族であり、その優れた生産技術によって、盆地の土着の人々とともに「やましろ」の新しい開発を進めた。中でも巨大氏族集団であった秦氏は西部の桂川流域と東部の深草《ふかくさ》の鴨川流域に進出し、その開発にいそしんだ。ことに西部の桂川（葛野川《かどのがわ》）流域に移住した秦氏は、持前の土木技術を駆使して、葛野一帯を田園地帯に変え、さらに養蚕・機織《はたおり》技術を扶植《ふしょく》することにより、豊かな産業地帯に変えたのである。

ちょっと長めの引用になったが、「やましろ」とは京都の昔の地名である。

このことからわかるように、この時代の京都は「多民族国家」の様相を呈していた。京都人というと日本を代表するような人々の集団を指すように思えるが、歴史を遡《さかのぼ》れば、日本各地からの移住者、朝鮮半島、中国からの渡来系、そして土着民が混在し、融和し、血縁関係を結んだ土地だったのだ。

ついでながら、「秦氏」や「賀茂氏」などの豪族は、東映の撮影所がある太秦《うずまさ》や、上賀茂神社にその名を残している。

京都と沖縄を歩けばわかること

京都人や沖縄人はもともと単一の定住民の集まりと考えられがちだが、昔から渡来系が多く住み着き、彼らが土着民に土地の開墾《かいこん》技術、稲作や土木技術、製鉄、あるいは当時の世界文明というべき中国の学問や宗教上の教学などを伝えた。

もっといえば多様な民族が多様な技術を駆使して多様な文化を構築した土地、それが京都なのだ。沖縄では異人を「まれびと」と呼んで、異界からの神とする「まれびと信仰」が存在した。京都にせよ沖縄にせよ、そんな土地が排他的であるわけがない。

そういう経緯があるにもかかわらず、嫌韓、嫌中などの排外思想を鼓舞したり、沖縄バッシングをしたりする行為などは愚の骨頂というほかない。「いったい誰の力を借りて国造りをしたのか。えっ！」と、ドンと机を叩きたくなる。

京都や沖縄の祝祭行事や祭りを見れば、いかに渡来系文化の影響を受けて、地元の年中行事が成立したかがよくわかる。旧暦は作物を植える目安が記された暦であるが、これも中国由来のもので、先祖の霊を祀る京都の五山の送り火や沖縄の清明祭《シーミー》や旧盆も、そもそも旧暦を拠り所にした行事だ。

沖縄では旧暦の習慣がいまも守られているが、島によって無形文化財級のさまざまな祭りや秘祭が執り行われている。

いいかえればそれらはすべて我々の祖先が伝えてきた文化なのだ。とりわけ、日本文化の源流であり我々のアイデンティティがいくつもぶらさがっている京都の文化には、それらが目に見える形で神社仏閣に伝わっている。

そして日本本土と海に隔絶された沖縄には、司馬遼太郎氏が「日本人より日本人らしい」と呼んだ「原倭人」の風姿が祭りや行事、信仰などにしっかり受け継がれている。

日本は多様であるべきだし、日本人は自身を多様性のある人間の集合体であることを認識すべきときにきていると思う。そのことを知るには京都や沖縄を歩けばよい。

「ばらばらでいっしょ」

日本海をめぐっては、古代から、ロシアと中国の国境にあるアムール川河口から樺太《からふと》、アイヌとの交流のほか、シベリア極東の先住地域からオホーツク海の人々の文化的ネットワークがあったことが実証されている。

絹織物の蝦夷錦《えぞにしき》はその循環した文化交流の現物といわれ、松前の商人を経て本州に入ったとされる。それが祇園祭の各山鉾《やまほこ》を飾る装飾品に用いられているのだ。

蝦夷錦だけではなく、懸装品《けそうひん》には江戸時代に入ってきたヨーロッパやアジアのタペストリー、絨毯《じゅうたん》、刺繍、染織品もある。むろんのこと、染め物には地元の友禅《ゆうぜん》はもとより琉球の紅型《びんがた》も伝わっている。

この一事を見ても京都が多様性を生かした風土であることがわかるだろう。沖縄も同様だ。南国らしい鮮やかな色合いが特色の紅型には中国や沖縄の柄のほかにも、松竹梅、菊、牡丹《ぼたん》といった日本の自然が文様に表現されている。

琉球と京都はともに「都」を持つ土地柄である。その特殊性からどちらも多様性のある風土を築きあげ、それぞれがとうの昔から交流してきた史実にこそ目を向けたい。

多様性と書くと難しくなるので、僕の好きな言葉にいいかえると、「ばらばらでいっしょ」である。我々がそれぞれに固有の歴史と風土を持ちながらも、実際はこの時間を共有しながらいっしょに過ごしていることである。京都の町を歩きながら沖縄にも深い思いを寄せる僕の現在の時間そのものといっていい。

などと能書きを垂れているうちに北大路橋に到着した。いつもならそのまま北上して自宅に戻るところだが、西の空は眼を見張るほど鮮やかな橙《だいだい》色に染まっている。心の中に巣食っている何者かが「そろそろビールタイムでっせ」と囁いている。

もちろん異論はない。

北大路橋を西に折れて北大路堀川にある行きつけの店に向かう。

「おいでやす」

扉を開けるといつもの「京ことば」が迎えてくれた。あたりまえかもしれないが、京都で暮らしているのだなあとガツンと実感できる瞬間だ。

外観は古い京町家で、いかにも「京のおばんざい屋」に見えるが、れっきとした沖縄そば屋、その名も『次点』である。京都に引っ越してくるなり見つけた貴重なお店だ。

壁の短冊には「沖縄そば」のほかに「クーブーイリチー」「島豆腐」「ラフテー」などの料

理も並んでいる。京都でお気に入りの沖縄料理をいただく贅沢。いやあ、この幸福感をなんと表現すればいいのだろう。

「ばらばらでいっしょ」が実現した素敵な時間である。

郷

カウンターと
郷土愛と
お笑いと

京都の昭和4年創業のおでん屋で

路地奥の行灯《あんどん》のあかりに誘われて小料理屋の扉に手をかける瞬間というのは、ちょいとこたえられないものがある。打ち水された石畳がまだ乾かないうちに細道の奥に分け入ることができればなおよろし。

暖簾《のれん》の裾《すそ》が玄関にそよ吹く風にゆれ、店に入ると、年の頃なら40歳手前あたり。ワケアリの女将が少し恥ずかしげに迎えてくれたら大いによろし。

要するに、いかにも入りにくく、敷居が高そうで、誰も入ってこなさそうな小料理屋であればあるほどワタクシは欣喜雀躍《きんきじゃくやく》してしまうのだ。

ちょうどいま京都のそんな店で、上燗《じょうかん》の清酒をやりながら、京都人の愛郷心というものを考えている。

実際は路地裏でもなく、ワタクシよりひとまわり上の女将だからワケアリではないけれど、いかにも常連さんが幅をきかしていそうで初心者は入りにくい。

が、昭和4年創業と看板にあるのを見て、いささかの迷いもなく暖簾をくぐり、いまではすっかり行きつけの店にしてしまった。

沖縄と京都——スタンダードな飲み方

僕の行きつけの店の好みは盤石《ばんじゃく》不動だ。うまかろうがまずかろうが、カウンターがメインで店が構成されていることが第一条件になる。一人か二人程度で飲むタチなので、座敷やテーブルに座ることはまずないからだ。

この店も銅製の鍋でグツグツ煮えているおでんを見渡せるカウンターが特等席だ。

飲み屋の座席に関しては沖縄と京都とではずいぶん異なる。異質性が目立つというか正反対といっていい。

沖縄は血縁共同体で構成されるヨコ社会なので、仲間と群れて飲むことが好きだ。また、同級生や知人、業種同士で模合《もあい》をひらくことが多いので自然、広めの座敷やテーブルが必要になる。

模合とは仲間で毎回、一定のお金を出し合い、参加者がそのまとまった金額を順番に受け取っていくという民間の金融制度だ。本土でいう頼母子講《たのもしこう》や無尽で、現在はほとんど見かけないが、沖縄ではいまも盛んにひらかれている。血縁共同体が社会に隙間《すきま》漏らさず網目のようにはられている沖縄のヨコ社会ならではの集まりだ。

沖縄は自他ともに認める愛郷心が強い島だが、模合はそれを強化する集まりでもある。なんせ、子ども時代からの友人や同窓生が毎月集まって座敷を囲んで飲み食いすれば楽しくないはずがない。

お金を出し合っているので足抜けできない掟《おきて》もあるから、絆はいやおうなく強まる。ヨコ社会のつながりは強固になるわけだ。

ただし、僕のような外来者にはハードルの高い集まりだ。同郷人や同窓生が集っている場に共有できる話題は少ないし、そのぶん疎外感も募ってくる。

なので、沖縄に移住した当初はいくつかの模合に参加したが、いつしかやめてしまった。僕はそもそもヨコ社会と無縁で育った都会っ子なので、群れることができない体質なのである。

よって沖縄では苦労してカウンター席中心の店を探し出した。ために、入れる店は激減し、3軒程度になった。沖縄ではめずらしいひとり酒を楽しむ人が多い店である。

それでは寂しすぎるとお嘆きの人もいるだろうが、寄る年波に流されてしまった男にはこれくらいのほうがかえって楽しい。

カウンター越しに主人や女将と他愛ない話を肴《さかな》に酒を飲むのも、かえって味のある大人の飲み方だと思っている。

他方、京都は飲み屋といえば圧倒的にカウンターが中心となる。座敷やテーブルだけの店はほとんど見かけない。これには京都の家の造りと税制度が大きく影響している。

江戸時代、京都の町家は間口の広さによって税額を定められたので、庶民は節税のため間口を狭くし、奥行きの長い家を建てた。

これがいわゆる「うなぎの寝床」といわれるもので、早い話がその町家を改装したり、その敷地の上に建てられた居酒屋はどう工夫してもうなぎの寝床式の座席しかできない。となると厨房や座席の配置も縦長になり、その向かいがカウンターになる。おかげで、古い木造建築の店であれば簡単にカウンター形式の店を見つけることができるのだ。

京都の酒場で気づいたこと

ダイヤモンド・オンラインが2010年に実施した都道府県別の「郷土愛」調査によると、沖縄県が1位、京都府が3位。同じく2018年に調査した都道府県別の「愛着度」調査でも京都府が2位、沖縄県が3位にランクインし、両地の郷土愛は突出した高さを誇っている。

沖縄の場合は前述したようにヨコ社会で何かにかこつけて集まることが好きなので、理解はできる。

しかし、京都がそれほどまでに郷土愛や愛着度の強い地域とは思ってもみなかった。京都人は人との距離の取り方が絶妙で、自意識もクールなイメージがあったからである。事実、いろんな調査をみても京都人はプライドが高い、冷たいなどがあがっている。

ところがである。酒場のカウンターで飲むのがあたりまえになってくると、なるほど郷土愛が強いかもしれないなあと腑《ふ》に落ちるようになってきたのであった。

端的にいえば、カウンターで耳に入ってくる話題である。その多くが「京都のこと」なのである。

京都府や京都市の財政問題、選挙から始まって、桜や紅葉、夏の暑さなど季節の話題、京ことば、『京都ぎらい』でも言及された京都の範囲、「イケズ」や「本音と建前」のウソホントといった市民気質、どこそこに店ができたとか、おいしい蕎麦やうなぎを出す店、漬物、和菓子にいたるまで、京都に関する身近な話題が多いのだ。

ゆえに会話の主語は「京都は〜」「京都人〜」となることが多い。むろん、プロ野球や大谷選手の話題も少なくない。京都人は阪神ファンが多いけれど、大阪人のように熱狂的になることは少ない。

巨人ファンもいれば中日ファンもいて、一喜一憂することなく淡々と飲んでいる。興味深いのは特定の球団の好き嫌いというよりは、一歩ひいて自分なりの解釈を入れる人のほうが目立つ。これはサッカーやオリンピックなどほかのスポーツもしかり。スポーツ評論を聞いているようで、よほど勉強になる。

カウンターは「知識の重要文化財」

京都人はある出来事の表面をなぞるのではなく、深掘りすることに長《た》けているといえるかもしれない。大学が集中している地域なので、持ち前の教養がそうさせているのかどうか。総じて物知りである。

あるときのカウンターはこんな顔ぶれだった。歯科医、眼科医、大学教員、美容師の先生、染織家、人間国宝級の表具師、花卉《かき》職人、庭師……。住宅地なのでビジネスマンが仕事帰りに一杯引っ掛けるというケースはきわめて少ない。

しかもそれぞれの肩書の冠は先生と呼ばれる職業ばかりだ。なので、「先生」と呼ばれると数人が「はい」と答えることもあるほどだ。これほどの人物がそろっていればたいていの疑問は解決する。

たとえば、京都の町家や邸宅は金木犀が植わっていることが多い。10月に入るとそこかしこから金木犀の甘い香りが漂ってくる。僕にとって京都の秋と金木犀はイコールで結ばれるほど強い関係になっている。

あるとき、例のカウンター席でなぜこの地域は金木犀が多いのか尋ねたことがある。

「昔の町家や屋敷は便所が母屋ではなく、離れに造ったんや。これでわかるやろ」

庭師さんは即答でヒントを出してくれた。

「そうかあ、臭い消しですか」

僕が納得して大きくうなずくまもなく、庭師さんは続ける。

「春は沈丁花《じんちょうげ》、初夏から夏はクチナシや。どっちも匂いが強いやろ」

すると花卉職人が、

「金木犀は猛暑の年には花付きが悪かったり、開花が遅れたりしますよ。今年はどうやろなあ」

と話が続くのだが、

「鬼門（北東）には柊《ひいらぎ》を植えたり、裏鬼門（南西）に南天《なんてん》を植えたりしますなあ」

と女将が補足してくれる。

「柊のトゲが魔除けになるんや。南天は難を転じて福とするやな」

歯科医も「耳学問やけどな。ハッハッハ」と謙遜しながら笑う。

知識をひけらかすのではなく、ひとつの話題をカウンターの客が共有する。そして縦横無尽に深掘りする。京都人は「なぜ？」という話題が大好きだ。１２００年以上続いた都らしく、自分の土地の歴史を知るのが好きなのである。

ちなみに教育熱心な風土はすでに明治期に力量を発揮している。

京都は１８６９（明治２）年、日本で初めて小学校が誕生した都市だ。明治政府が学校制度を創設するよりも３年早かった。

その後、１８９７（明治30）年に京都大学ができる前に私立の学校が次々と創立されていった。京都では早くから現在の同志社大学や立命館大学が創立されたほか、京都に本山を置く仏教各宗派の学校も明治時代に近代的な大学になった。

学問の都とされる京都は、現在も全国有数の大学都市として知られているのは周知の通りだが、学生でなくとも学問好きだ。

あとの章でふれるが、「京都検定」が盛んな理由もこういう歴史を知るとよくわかる。

その土地のことを知れば知るほどその土地に愛着を覚えるものだ。ただし、京都人の郷土を想う心は長い歴史によって育まれた教養で裏打ちされた「愛」ともいえるのではないか。京都は地元の歴史生活習慣や祭りに代表される風習、江戸期を思わせる昔の面影を色濃く残している。あるいは寺社仏閣などの世界的文化財を継承している。

僕みたいなよそさんは酒場を学び舎《や》にしながら、専門家や職人さんからその知恵を実学として学ぶ。その話題を共有できる座席こそがカウンターなのだ。勝手ながら老舗の酒場やカウンターも「知識の重要文化財」だと僕は思っている。

首里城火災のあとで

２０１９年10月31日のことである。

「仲村さん、待ってたんや。大丈夫か？　落ち込んではらへんか？」

いつもの店に入ったとたん、飲み友達の佐藤さんが真っ青になって僕の肩を揺すった。

なにごとだろうか。僕はきょとんとして騒ぎの理由を頭のなかで探っていた。友人といっても70代後半だから大先輩だ。

「首里城やがな。たいへんやったな。あんなことがほんまにあるんかいな」

ああ、そういうことか。合点《がてん》がいった。

その日の未明、首里城の正殿内部から火災が発生し、9施設が焼失した。首里城は沖縄の文化財のシンボル的存在なので、大ニュースになった。

幸い、死傷者はおらず、その後、復元に向けて政府や沖縄県がすぐに動き出し、「首里城復興基金」には2022年3月時点で55億円もの寄付が寄せられた。現在は2026年の復興に向けて工事が順調に進んでいる。

驚いたのは僕が沖縄から引っ越ししてきただけなのに、その後京都の友人から多くのお見舞いの言葉をいただいたことだった。行きつけの店の佐藤さんはその最初の人だったというわけだ。

首里城は僕の私有物でもないし、公共の建築物だから、お見舞いの相手が違っているのではないかと戸惑った。とはいえ、心配してもらっているのに返事をしないわけにはいかない。

「お気遣いありがとうございます」

妙なお見舞い返しの言葉になったが、さすが文化財の宝庫、京都人はこういう出来事に敏感に反応する人たちなのだなと深く感じ入ってしまった。

京都人は首里城が沖縄の象徴だと思っている。むろん間違いではないが、見方を変えれば首里城は権力の象徴でもあり、宮古諸島や八重山諸島の人々に対し、人頭税という世界に類例のない悪税を266年にわたって課した権力者の宮殿でもあった。

首里や那覇の人は火災に大騒ぎをしているが、王朝時代が終わったあとも過酷な税は続き、1903（明治36）年まで搾《しぼ》りに搾られた離島の人たちはどう思ったのか。つい三世代ほど前の可視的な過去だけに離島の人々の複雑な感情は話題になったし、僕の関心事もどちらかというとそっちにあった。

なので、佐藤さんが声をかけてくれたことに当初はぽかんとしてしまったのだが、遠く離れた沖縄の土地の「象徴」に心を寄せ、気遣ってくれる彼の心情に感服したのである。

その夜のカウンターのテーマは首里城の火災になったが、興味深かったのは、佐藤さんが投げかけたひと言だった。

「京都やったらどこが消失したことになるんかいな」

例によって話題を押し広げて深掘りする京都らしいカウンター論議になった。

大阪城、姫路城、名古屋城は地元の人にとって象徴に違いない。要は京都だったらどこがそれに匹敵するかという話なのだ。

城という概念でいえば二条城、宮殿なら御所にあたるが、京都人の心の拠り所となる文化財はあまりに多いがゆえ、それぞれ異なるはずだ。

「うちやったら御所やろうか」

女将が考えあぐねた末にいった。

もっともな話だ。京都人にとって御所の感覚は独特だ。

「皇室は一時的に江戸に移ったはるだけ。上皇はんはもどってきはったらよろしのに」

と半ば本気でのたまう人もいる。

実際、京都御所には宮内庁の事務所が置かれ、天皇の玉座である「高御座《たかみくら》」も残されている。京都の歴史は過去のものでなく、いま一瞬も1200年の歴史といっしょに歩んでいるのだ。

その意味で古いものを守るだけが京都人ではなく、あるものを大切にする、大事にするのがこの土地の人たちのごくありふれた感覚なのだろう。

京都の人たちは自分たちの郷土に誇りを持っていますが、それは他の地に対してもおなじなのです。自分たちの郷土を誇りに思い、たいせつにする人を尊崇しますが、そうでない人に対しては異なった態度で接します。自分たちの郷里をたいせつにしない人たちは、京都のこともだいじにするわけがないと思っているからなのです。（『京都力』ＰＨＰ新書）

京都市出身の作家で、エッセイや小説を多数上梓されている柏井壽《かしわいひさし》氏の言葉である。郷土愛とは何かと問われたら、この一節をそのまま述べればいい。

保元の乱・平治の乱に始まって、承久の乱、応仁の乱、戦国時代、戊辰戦争にいたるまで、戦乱によって自らの土地を荒らされた京都人はよそ者に対する警戒心が強い。

その負の歴史を体験・継承しているからこそ、戦乱や大火などの災禍を自分の土地に引き寄せて考えられるのだろう。

一方でイケズなどとバッシングを受けているが、前述の「ぶぶ漬け伝説」は神話である。それとは真逆で、僕の知る京都人の応対は総じてやさしい。実際に京都で暮らしたよそさんも同様の意見だ。

本土との異質性と郷土愛

沖縄もまた虐げられた歴史をもつ土地である。１６０９年の薩摩藩の侵略、明治の琉球処分、沖縄戦に続く27年もの米軍統治、その後の基地問題と米兵犯罪……。あげればきりがないほど、沖縄は歴史の結節点で貧乏くじを引かされ続けてきた。生まれた土地が悲惨な体験を背負えば背負うほど故郷が愛おしくなる。それが愛郷心を強くする。しかし、沖縄の場合はそれだけが理由で郷土愛が強いのではない。

かつては本土との「異質性」が沖縄人にいびつなコンプレックスを作りあげた。いまでも年配の人にはそんな気持ちを抱いている人もいないわけではない。実際、「クシャミまで本土を真似ろ」「本土に追いつき追い越せ」などという、信じられないスローガンが叫ばれた時代もあったのだ。

が、いまの若い世代は逆である。世代が下がれば下がるほど、沖縄の独自性を大切にする。戦後の日本は中央＝東京を真似ることで画一化の道をひたすら歩んできた。その煽《あお》りで地方色を失い、都市近郊はただの「通勤圏」となり、「生活圏」に陥っていった。

一方の沖縄は本土との異質性が固有の文化を生み、風土を育んでいった。２０００年前後に起きた空前の沖縄ブームは異質性を母体に、島言葉、島料理、島唄といった具合に沖縄産の文化が本土を席巻《せっけん》した。

大都市近郊ほど愛郷心が低いといわれるが、独自色のない地域に故郷感がないのはむしろあたりまえといっていい。

反面、大都市からうんと離れた沖縄はその独自色を失わずにすんだ。いや、正確にいえば1972年の本土復帰直後は怒涛《どとう》のような本土化が押し寄せ、文化人を中心に沖縄の危機が叫ばれたが杞憂《きゆう》におわった。

理由はいろいろあろうが、若い世代は時代のクリエイターである。そんな世代にとって上の世代が必死に追い求めた中央発信型の本土文化は真似るに値しないものに映ったのだろう。あるいは、島言葉のようにみるみる失われていく文化に危機バネが働いたという人もいる。いうまでもなく言葉は表現の源である。

お笑い芸人の意外な輩出地

その沖縄からミュージシャンやタレント、モデルがどんどん輩出されるようになった。

それも「異質性」を前面に押し出す芸能人が売れる時代になった。

面白い調査がある。タレントデータバンク2021によると、全国のお笑い芸人の人数が最も多いのは大阪府で人口10万人あたり4・21人、2位は京都府で2・99人、3位がなんと沖縄県で2・93人である。

大阪は落語にしろ漫才にしろお笑いは伝統芸だからわかるにしても、全国でもっとも「ややこしい人たち」が暮らす京都と沖縄が大阪に続いているのは偶然ではなかろう。

地方色を失わず、むしろ地方色を輝かせている両地は言葉、料理、気質にいたるまで個性的でその特色を生かし続け、開き直っているフシすら感じさせる。

大阪がそうであるように、その土地の人間がその土地の特色を笑い飛ばせる土地であればあるほど郷土愛も高い。でなければ、自分で自分の郷里をくさしているとみられる。

京都と沖縄はなにかとバッシングされやすい土地だが、だからといって口角《こうかく》泡を飛ばしていい返す土地ではなく、わりと平然としている。お笑いの成熟度が高い土地といえるかもしれない。

金持ちが貧乏人を笑うものは作るな。高学歴の者が低学歴の者を笑うのもいけない。

とにかく全部ひっくり返せ。貧乏人が金持ちを笑い、庶民が政治家を笑う。こういうふうなものを作れ。（照屋林助《てるやりんすけ》著『てるりん自伝』みすず書房）

「沖縄のチャップリン」と呼ばれた漫談家、小那覇舞天《おなはぶーてん》（1897—1969）が残した言葉である。お笑いの真髄はまさにこの点にあるといっていい。

ちなみに京都は都道府県別の共産党の得票率がトップ、沖縄は社民党の得票率がトップ、れいわ新選組が全国2位という土地柄である。いいかえれば日本のなかでいちばん半中央的で反権力的な地が、お笑いを提供しているのである。

なにやら、小那覇舞天の思想が引き継がれたようだが、いずれにしても京都と沖縄を併せれば大阪のお笑い芸人の人口を軽く追い抜いてしまう。

「おまえらなめてんのか！」という大阪人の声が聞こえてきそうだが、ともかくも気質が異なるようにみえる京都人と沖縄人がお笑い芸人の輩出地というのは、拍手パチパチ級の「同質性」といっていいのではないか。

今夜もカウンターでは紫式部が話題になっている。この店から徒歩15分ほどのところに紫式部のお墓があるのだ。

「大河ドラマに出演してるこっちゃし、一度墓参りに行かなあかんな。わしの愛でなぐさめたらなあかん」

佐藤さんが愉快そうに笑った。

「同じ場所に小野篁《おののたかむら》の墓もありましたよ。ほら、閻魔《えんま》大王の右腕で、井戸を伝ってこの世とあの世を行き来していた人ですわ」

僕が伝えてあげると、

「男やろ。そっちはまかせるわ。ワハハ」

と佐藤さんがすかさず返す。

京都とはそういうところである。

道

昆布と
富山の薬売りと
始末と

テビチ汁——沖縄を代表する郷土料理

那覇の大衆食堂でひさしぶりにテビチ汁を食べた。テビチとは箸でちぎれるほど豚足をやわらかく煮たもので、大ぶりに切った大根にニンジン、結び昆布などの具材が入った丼鉢の汁物である。

豚肉王国の沖縄を代表する郷土料理で、お年寄りの大好物だ。

こういう料理が沖縄の食卓から急速に消えつつある。なにしろ見るからにグロテスクな豚足の汁物ですからね。若い世代からもっとも敬遠されている伝統料理の筆頭格であろう。

かくいう僕もガキの頃は苦手きわまりない料理のひとつだった。好き嫌いが多く、肉が苦手、揚げ物や炒め物などの油料理も嫌いな僕にとってテビチ汁は毛嫌い食材のオールスターキャストだった。

ために、痩《や》せっぽちの虚弱体質に陥った仲村少年は週末のたびに風邪をひく弱っちい子どもに育った。

「週末のたびに」とは病院が休診のときに限って体調を崩すことを指している。なので、月曜日は欠席が多く、両親はもちろん祖父や祖母も嘆いた。

「清司《きよし》は人間にならん」

半ば吐き捨てるようにいった祖父の言葉をよく覚えている。彼は一念発起して僕を徹底的に沖縄料理で育てることにした。いまでいう食育ですな。

祖父の少年時代は地元で「横綱」というあだ名がつくほどガタイのいい体格をしていて、沖縄の相撲大会でしょっちゅう優勝したことがあったようだ。

そんな自分の孫が病弱きわまりない痩せっぽちで、ご飯すら食べないことによほど歯がゆい思いをしたのだろう。

〝食えない少年〟から〝食える少年〟へ

その頃の僕は好物というものがなく、食べられるものといえば、「お茶と漬物、煮浸し、味噌汁。少量のご飯、以上！」というもので、禅僧より質素なものですませていた。

俗に食えない男という言葉があるけれど、僕は正真正銘、食えない少年だったのである。

母は料理が下手で、13歳のときに沖縄戦を経験し、戦後早い時期に大阪に出てきた。沖縄料理の作り方などまったく知らないし、そもそもゴーヤーなどの沖縄食材すら手に入らない時代である。

なので、僕の小学校時代は祖母が料理を作り、祖父の前で正座して食事をいただくという生活になった。

厳格な祖父はたとえ泣きべそをかいても食べ残すことを許さなかった。そんなひ弱な少年の食膳に頻繁に並んだのが例のテビチ汁だった。

なにより豚足のぶよぶよとした食感がいやだった。嘔吐《えずき》ながら食べたことを覚えているが、小学校3年生のときに突如、体質が変わった。

そのとき罹患《りかん》した虫垂炎の手術後、あーら不思議で、それまでなにより苦痛だったテビチ汁が大好物になったのだ。

理由はわからないが、食育とは凄いもので、僕の体に漢方のように沖縄料理が効いたのかもしれない。

以来、もりもり食べるようになって、今度は油物好きの二重アゴ三段腹の肥満児になった。祖父は胃に歯が生えたように大食する孫に戸惑ったようだが、とにもかくにも祖父の食育のおかげで僕は人間になった。

ここで冒頭の大衆食堂のテビチ汁の話に戻るが、読者諸氏におかれては、なぜテビチ汁に昆布が入っているのか考えていただきたい。

昆布消費王国

あえて繰り返すが、テビチ汁は沖縄の郷土料理にして伝統料理である。つまり、はるか昔から食べられてきた料理のひとつということになる。

昆布を使った伝統料理にクーブイリチーがある。「クーブ＝昆布」・「イリチー＝炒め物」のことを指す沖縄料理で、刻み昆布とこんにゃく、かまぼこなどを豚肉のだし汁で調味し、汁がなくなるまで炒り煮したものである。「よろこぶ」と昆布の「こぶ」をかけた祝いごとに欠かせない料理でもある。

煮付けた結び昆布も重箱料理の定番だが、ことほどさように沖縄の料理は昆布を多用する。沖縄料理でようやく人間になれた少年時代からずいぶんたったあと、僕は沖縄の食材、とりわけ昆布に多大なる関心を持つようになった。と、ここまで書けば読者も気づいたのではあるまいか。

そう、昆布は海水温が低い海域で育つ海藻で、食用の約90％が北海道産である。ところが、沖縄は亜熱帯なので海水温が高すぎてそもそも昆布は生息できない。

郷土料理はその土地でとれた食材で料理されるものをいう。にもかかわらず、なぜ沖縄料理は昆布を使うのか。ちなみに昆布の1世帯当たり年間の購入数量では沖縄は1994（平成6）年までは全国トップあるいはベスト3圏内を推移していて、文字通り昆布消費王国だった。

しかも、沖縄はだしを引くための昆布でなく、食べるための昆布である。だし用といえば京都では利尻昆布、大阪では羅臼《らうす》昆布などの高級なものが有名だが、沖縄で消費される昆布はおもに釧路地方で採取される身薄かつやわらかな昆布で、煮物に向いている。

「昆布ロード」

その昆布がなぜ京都や大阪だけでなく、沖縄で消費されるのか。

その謎は、いまや名著と呼ばれる『昆布の道』（大石圭一著・第一書房）に詳述されているが、そもそもは北前航路が拓かれた江戸時代中期にまで遡る。

蝦夷地《えぞち》（北海道）で収穫された昆布が、松前藩（函館）に集積され、日本海を航行する「北前船」によって本州に届けられていたことによる。

中継地となったのは富山や福井県の小浜など。小浜は「鯖《さば》街道の塩ひとしお」の言葉でも有名な港である。鯖街道とは若狭《わかさ》湾でとれた鯖を小浜から山越えの道を中継して京都の出町柳までを結ぶ約72キロの道のことをいう。

その鯖街道が海のない京都の洛中に貴重な海産物を届けた物流街道というわけで、昆布やわかめ、干物などを運ぶ道にもなった。

ただし、蝦夷地で穫れた昆布の旅はそれで終わらなかった。北前船はさらに下関に寄港し、瀬戸内海を通って大阪へ向かうルートと、薩摩を中継して琉球から中国（清）まで届けられるルートに分かれて延伸していたのであった。

北海道から日本各地をめぐり、琉球そして中国にまで食文化を広げた道こそが、通称「昆布ロード」と呼ばれる壮大な海上の道なのである。

密貿易による莫大な利益

では当時の中国はなぜわざわざ昆布を必要としたのか。

昆布ロード

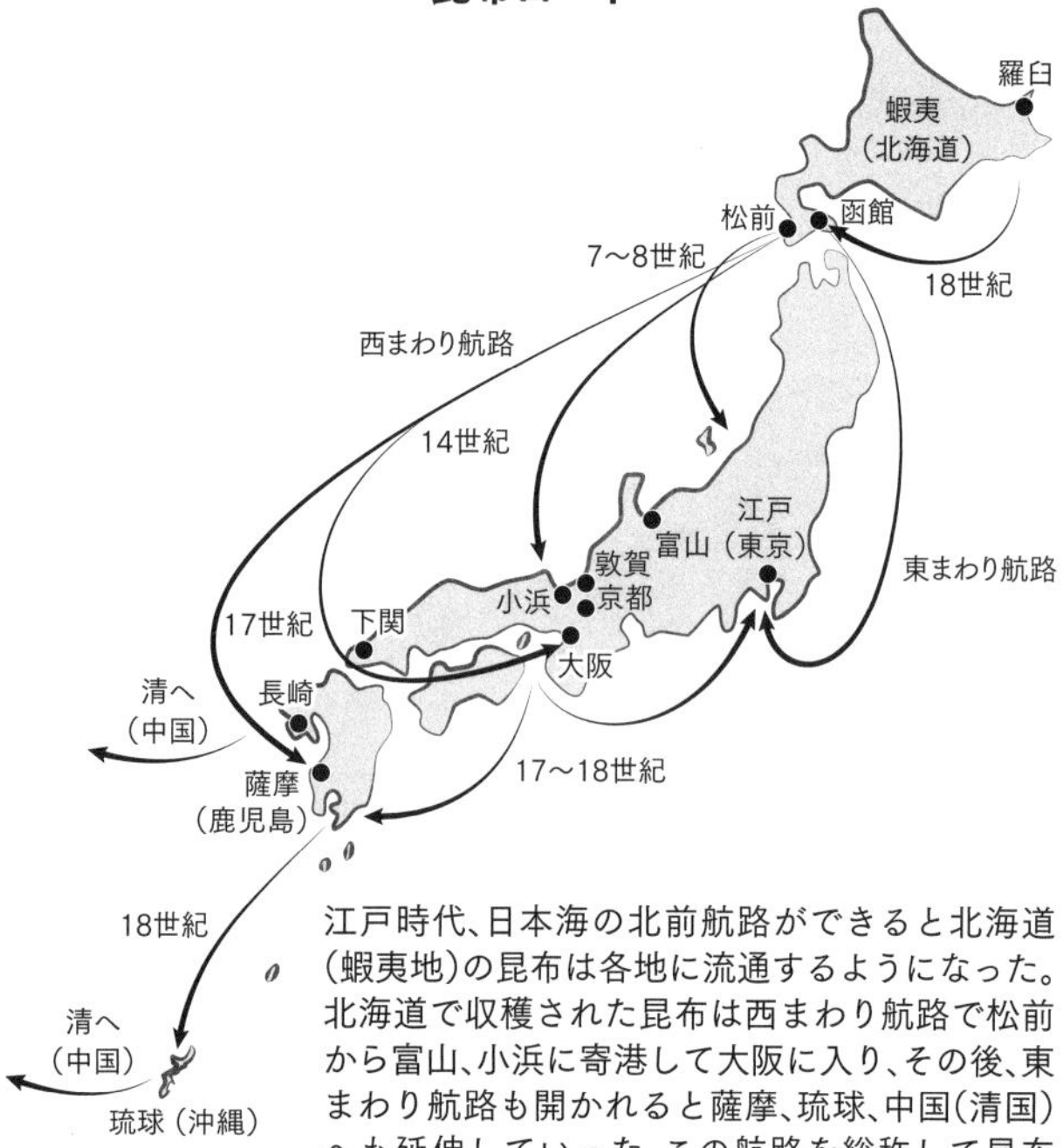

江戸時代、日本海の北前航路ができると北海道（蝦夷地）の昆布は各地に流通するようになった。北海道で収穫された昆布は西まわり航路で松前から富山、小浜に寄港して大阪に入り、その後、東まわり航路も開かれると薩摩、琉球、中国（清国）へも延伸していった。この航路を総称して昆布ロードという。

『モモト Vol.30』をもとに作成

中国沿岸は海水温が高く昆布は自生していない。当時、甲状腺《こうじょうせん》の病気が流行していた中国にとってヨードを含む昆布は薬用として不可欠な原料だった。

一方、薩摩藩は江戸城の改修や木曽川の治水工事などを幕府から命ぜられ、藩の存亡に関わる莫大な財政難に陥っていた。その打開策として打ち出されたのが密貿易だった。

薩摩藩は中国を中心とした東アジアの海洋貿易の中継地となって栄えていた琉球王国に目をつけたのである。鎖国下にあった当時、薩摩藩は琉球を介して、中国との密貿易を始めたのであった。

その交易品のひとつが松前産の昆布だったというわけだ。

この密貿易には富山藩も絡んでいた。富山といえば元禄年間から現在にいたる薬売りが知られているが、薩摩藩と富山藩はここで結託《けったく》する。

当時、漢方薬に用いる原料はその多くを中国からの輸入品に依存していた。そこで薩摩藩は中国からの密貿易で得た薬の原料を富山藩に売りさばき、富山藩はその原料で和漢の薬を作りあげた。いいかえれば、その頃の富山藩というのは藩をあげて製薬会社の機能を果たしていたのである。

その製薬した「薬」を売る営業マンが、これすなわち富山の薬売りだったというわけである。こうしていまに続く日本各地に薬を販売するという独自のシステムが構築されたのである。

昆布ロードに思いをはせると、米を通貨にした経済で回っていた江戸期は、後半になると鎖国とは名ばかりで密貿易による商業経済が動き始めていたことが見えてくる。

事実、この密貿易によって莫大な利益を得た薩摩藩は５００万両に上る借金を返済し、逆に幕末には50万両もの蓄財に成功したともいわれる。

琉球王国から貢物として得たウコンや黒糖でも利潤を得ていた薩摩藩は、こうして一躍大藩にのし上がった。つまりは、これらの産品で得たお金がのちの倒幕資金につながっていくわけだ。

理にかなった食材

いうなれば昆布ロードは明治維新という「革命」の引き金にもなっていったのだが、当の琉球には中国への輸出品に適さなかった薄くてやわらかい「長昆布」が出回った。これが煮物や炒り煮などの伝統料理に結実していくのだが、昆布にはもうひとつ重要な利点がある。

干物ゆえ保存がきくのである。暑くて食べ物が傷《いた》みやすい気候の琉球にとって、これほど重宝する食材はない。

ついでながら昆布に含まれるカリウムには、余分な塩分やコレステロールを排出するはたらきがあるとされる。

琉球は古来、豚肉を食べる食文化が根づいていた。食べ物同士の組み合わせの上でも昆布は優秀すぎる食材だった。栄養学のない時代に誰が教えたのか、テビチ汁やソーキ汁などの料理に必ず昆布が入っているのは実に理にかなった料理法だったことになる。むろん、かつての長寿県を支えた食材のひとつに昆布の存在があったことは間違いない。

知恵と工夫で自分の土地のものにする

さて、本題の京都と沖縄の同質性について語らなければならない。

その土地にないものを仕入れてその土地の名物にしていく発想は、先に述べた鯖街道がそうであったように京都にも数多くある。鯖寿司（鯖の棒寿司）や生寿司《きずし》（鯖の酢じめ）などはその代表格である。

青魚は足が早い。しかし、昔の荷運び人は、わずか一昼夜で京都に運んだという。それゆえ塩漬けせずとも「ひとしお」ですんだわけだ。京の薄味は素材の持ち味を大切にするだけでなく、健康にも寄与していたことになる。

あるいはちりめん山椒もしかりで、日本海が特産になっているグジ（甘鯛）も京都名物であるし、徳島産のハモ（鱧）も食べやすいように骨切りというひと手間をかけることで、京都の夏に欠かせない食材にしてしまった。

山に囲まれた京都と海に囲まれた沖縄は、環境は正反対でも志向性は同じで、ないものを仕入れて、知恵と工夫で自分の土地のものにしていくのが得意な地域である。こうして、奇しくも両地は昆布を郷土料理に欠くことのできない食材に仕上げたのである。

京都と沖縄を語る上で欠かせない〈だし文化〉

蛇足ながらだしの話をしたい。だしは、いうまでもなく和食の基本要素。その「和食」がユネスコの無形文化遺産に登録されているのは周知の通りである。ユネスコ登録への仕掛け人は京都の老舗料亭『菊乃井』三代目主人、村田吉弘さんである。

「日本料理とは旨味の料理です。特筆すべきはほかの国々の料理の旨味は脂質が中心であるのに対し、日本は世界で唯一、〈だし〉を旨味成分の中心にしていることとです」

先日、講演された村田さんが語っていた言葉である。

一方の沖縄もだし文化の先進地である。令和4年の都道府県別かつお節・削り節消費量（ヤマキ株式会社）トップは沖縄県で、全国平均の実に5・4倍に上っている。3位に京都がランクインしている。

実をいうと、僕が京都と沖縄の同質性を見出したきっかけは、この〈だし文化〉だった。京都は昆布の「グルタミン酸」とかつお節の「イノシン酸」をプラスして旨味成分を抽出する。

沖縄はかつお節の「イノシン酸」で旨味を出すのだが、「味の素」の消費量も全国1位。「味の素」というと、やかましい論を持ち出す人がいるけれど、本書は一切無視させていただく。なぜかというと、「味の素」の旨味成分がグルタミン酸だからである。そう、昆布の旨味成分のあのグルタミン酸である。

僕は京都と沖縄で暮らしてきたので、両者のだしの味が近いことを感じていたのだ。沖縄は豚のだしも使うが、ベースの旨味が似ていることを舌が記憶していたのである。なんてことをいうと、こじつけだろうと僕を指弾する人もいるかもしれないが、こじつけではない理由はいま述べたように旨味成分が明白に証明してくれている。

これも祖父から享受した食育のおかげと感謝しているが、ともかくも京都と沖縄の旨味成分の基本は同じで、両者の同質性のひとつといっていい。

食材を「始末」する文化

もうひとつ似ている点がある。京都の一般の家庭ではだしをひいた昆布を佃煮にしたりする。これも京名物のひとつである「京昆布」である。

京都は二次加工も得意なのだ。むろん佃煮専用にも使われるが、総務省の家計調査（平成30年）によると、昆布の佃煮の消費量は驚くべきことに京都府が全国トップの座に君臨しているのだ。

京都、沖縄ともにふだんは贅沢せず、野菜も間引き菜を使って料理する。食材を無駄にしないで使い切ることを京都では「始末する」という。「倹約」に似ているが、食材にひと工夫加えて使い切ることをいい、昔はそれが「京女《きょうおんな》」の心得だったという。

沖縄のチャンプルー料理の元祖は残り野菜と豆腐などの炒め物で、要するにその精神は「始末」に通じている。栄養学的にいいかえると、食材の栄養分をあますことなく食べるのと同義で、それがひいては両地の健康長寿に貢献したのかと思える。

ちなみに、京都の平均寿命は男性が全国4位、女性は全国3位（2022年）とトップクラスである。

伝統料理には知恵がある

話をもとに戻すと、北海道発の昆布ロードの恩恵にあずかれたからこそ、いまの京都や沖縄があるのだということを繰り返し想起したい。

テビチ汁は大衆食堂や食卓から消えつつある料理であることはすでに述べた。手間がかかることと、米軍統治によって全国に先駆けてファストフードやステーキなど、欧米の食文化が普及したことが原因といっていい。

ために沖縄の昆布の消費量も年々減少し、2020年の消費量は19位。平均寿命も男性が43位、女性が16位に転落し、いまは短命県に陥っている。

沖縄は、1985年には平均寿命が日本1位だったのである。いまや目もあてられない状況になったことを考えると、伝統料理が食育にとっていかに大切かがこの一事をとってもわかるというものだ。

沖縄料理でせっかく人間になった事例もここにいるというのに、実にもったいないことだ。というわけで、初老期に入ったワタクシはこれから先、京都の料理で寿命を伸ばそうとひそかに画策している。ヒヒヒ。

飯

チャンポンと
ピネライスと
弁証法と

突然、ヘーゲルの「弁証法」を紹介します

人間や思想は絶えず矛盾をはらんでいるものの、両者の積極的な要素が高い次元で止揚《しよう》（アウフヘーベン）され、無限に発展する――。

ドイツ観念論を代表する哲学者、フリードリヒ・ヘーゲル（1770－1831）の「弁証法」という思考法である。近代哲学に欠かせない高次元の用語なので、ひと言ではとても説明できないのだが、おおざっぱにいうと、

（1）Aが主張する意見がある。（正）
（2）Bからその反対意見が出て対立する。どちらが正しいか両者が迷う。（反）
（3）AとBが対立する意見を対話して、意見を統合して、第三のより優れた意見になる。（合）

といった思考法になろうか。つまりは正・反・合という過程を通して、〈矛盾の解消〉を進めるための考え方といえば理解が早い。

突如、ワタクシらしからぬアカデミックな展開になってしまったが、たまには「学」のあるところを書いておかないとちょいちょい小馬鹿扱いされますからな。まあ、目を通してやってくださいな。

「にしん蕎麦」を弁証法で考える

ワタクシは、ヘーゲルのこの考え方は、京都や沖縄の料理や食べ物にもあてはまるのでないかとかねがね思っていたのであった。あらかじめ断っておくが、ここでいう京都の料理と沖縄の料理とは、格式の高い懐石料理や宮廷料理のたぐいでなく、僕のような庶民が通う大衆食堂にあるような料理のことである。

たとえば「にしん蕎麦」がそれである。かけ蕎麦の上に身欠《みが》きにしんの甘露煮をのせた蕎麦で、麺類における京都名物の最右翼といっていい。

この蕎麦を祇園の『松葉』という老舗で友人が注文しようとしたとき、僕は「てめえ、そんなものを本気で注文する気か？　いつからそんな味盲《みもう》になったんだ」と半ば呆れた表情で意見した。先の番号でいうと（1）で僕はAにあたる。

すると友人のBは「せっかくの京都名物ではないか。名物にうまいもんなしというが、京都名物はたいていハズレがない。うまかったら後悔するかもしれんだろ」といい返してきた。つまりは（2）ですな。

ここで（3）に移る。

僕と友人は互いににしん蕎麦を食べたことがなかった。利尻昆布とかつお節で引いた京都ならではの馥郁《ふくいく》たるだしが、にしんの生臭さで吹っ飛んでしまう。そもそも、かけ蕎麦は単品で完成されているし、身欠きにしんの甘露煮も完成された惣菜である。完璧に完成されたもの同士をいっしょくたにする必要がどこにあるのだろうか。別々で楽しむ方法があるだろう。Aである僕は友人Bに議論をふっかけた。

すると友人Bはすぐさま反論した。完成されたもの同士だからこそ、にしんの風味をだしに浸して食べるとかけ蕎麦とは別物の味になるかもしれない。確かにおまえのいう通り、ミスマッチかもしれないが実際に食べなければそれも確かめられないし、もしかするとベストマッチかもしれぬ。どうだ！　だいいち俺が注文するのだからおまえに迷惑をかけることもないではないか。

友人Bの論理に間違いはない。そもそも人が食べたいものにケチをつけることは、お店の料理をけなすのと同然の振る舞いである。僕は納得し、「おーし！　ワシも食べる！」と、にしん蕎麦を注文した。

ここで僕と友人は対話の末、意見を一致させたのであった。

京都での発祥――『総本家にしんそば　松葉』

はたして、にしん蕎麦は弁証法の賜物《たまもの》というべき別物の蕎麦に変わっていた。上方風の上品な薄いだし汁ににしんの脂がじんわり溶け込み、にしんの甘露煮もだしのうまみを含み、コクの深い出色《しゆつしよく》の味を蕎麦に絡ませていたのである。

にしんの匂いについては好き嫌いはあろうし、魚の半身がバスンとのった見栄えもけっして美しいとはいえない。しかし、料理としての完成度は高く、京都の味の凄みを痛感したのである。

海のない洛中に魚介類や昆布が普及したのは前章で紹介した通りである。もともとはにしん漁で栄えた北海道の江差町《えさしちよう》の豪商「横山家」に伝わったものといわれ、北前航路の寄港地の小浜を介して京都に入ったとされる。

京都での発祥は四条大橋南座のそばにある『総本家にしんそば　松葉』で、創業1861（明治15）年。140年以上も継承されている味と思うと感慨深いし、江戸期に交易を通じて交流した北海道と京都の歴史的な関係も気になってくる。

それよりなにより南座で芝居見物した当時の京雀《きようすずめ》（市中の事情に詳しく、事件や人のうわさをよくする京都人のこと）たちが帰りに立ち寄って、芝居や役者について顔を上気させてアレコレ語りながら、にしん蕎麦をたぐっていたのかと想像できるのがよろしい。なにしろ、同じものを同じ店で食べていたのですからな。時代の光景がまぶたに浮かんできて楽しくなってくる。

食べ物にも弁証法があてはまることを証明した瞬間であった（と思う）。

「皿盛」――大衆食堂の名物料理

と、いうようなことを思い出しながら、「皿盛《さらもり》」という料理に舌鼓を打っている。

皿盛とは、京都三条大橋の東詰をわたったところにある『篠田屋』という大衆食堂の名物料理である。創業1904（明治37）年。現在4代目のご主人と奥様、おばあちゃまが家族ぐるみで営んでいる店で、こちらも老舗の神様のような外観と内観を維持している。

昭和30年代の食堂を目の当たりにしたければ、この店を訪れるとよい。小規模ながら、京都らしい奥行き、土間、テーブル、小上がり、ずらり並んだ品書きの短冊は当時から変わっておらず、まるで映画のセットのような佇まいだ。日本の大衆的食文化を知る上でも貴重な「古食堂」といっていい。

さて、問題の皿盛であるが、「中華そば」とともにこのお店の二枚看板の品書きだ。焦《じ》らすようだが、実物を見たければ食べずともこの店をのぞけばすぐにわかる。お客さんは皿盛

（上）大衆食堂『篠田屋』
（下）篠田屋の名物料理「皿盛」

か中華そばを注文し、なかには両方を同時に食べる人までいる。

ついでながら、僕は数え切れないくらい篠田屋に通っているが、うどんや丼物まで豊富な品書きがあるにもかかわらず、この二枚看板以外の料理を食べている客を見たことがない。こういう光景もそうそうあるものではない。そんなシーンがこの土地には頑として残っているのである。

京都ラーメンの別の顔

創業以来の味を保ち続けている中華そばにはむろん背脂などはかけらも入っていない。澄んだ醤油味の超あっさりしたスープに細めのストレートな麺。大げさにいえば日本に伝わった当初のラーメンの風味が味わえるのである。ワタクシなんぞは「俺もこの麺のごとくまっすぐに、スープのように澄み切った心で生きていこう」といつも襟を正させていただいている。

なかなか皿盛の話に進めなくて申し訳ないが、ここでひとつ能書きを垂れたい。

京都は背脂ラーメンや『天下一品』に代表されるような粘度の高いコッテリ系ラーメンや

レンゲが立つ泥系スープのラーメン店ばかり紹介されるが、それはマスコミの印象操作である。京都人は『篠田屋』のような淡白で澄んだ清湯《チンタン》系のスープも大好物だ。

京都は大都市のわりに大衆食堂が多い地域で、「うどん　そば　丼物一式」といういわゆる「一式」食堂が令和時代のいまも看板を掲げている。昔ながらの鶏がらスープの澄んだ中華そばを食べたいときは「一式」を掲げた食堂に入ればよい。京都ラーメンのもうひとつの伝統の味が楽しめるはずだ。

加えて最近では清湯系の醤油ラーメンを出す専門店も登場し、だしの材料を地鶏と水に限った『らぁ麺 とうひち』は開店当初から行列店となった。

それ以上に話題になったのが、京都駅七条口そばに割烹料理店のような店構えで京雀をアッといわせた『貝だし麺 きた田』である。開店は早朝7時。ワタクシはこの店の前を通過するバスに乗ることが多いのだが、行列はおそるべきことに朝ぼらけから夜明けのスキャット的に始まっていて、店に群がる人々の姿はラーメン激戦区京都のリアルなシーンを見せつけている。

それもそのはずで『貝だし麺 きた田』はアサリの旨みをベースにした貝白湯《かいぱんたん》に、贅沢にもハマグリとホタテの風味を利かしたあっさり味のスープに平打ち麺がガッチリ絡んでいる。

「脂肪肝疑い」と診断された方は治療のために何はなくとも直行すべき店といえる。

なぜ「カツカレー」ではないのか？

ついコーフンしてラーメンの話を長々と続けたが、そうなったのには重要な意味がある。多くの人が誤解している京都人のイメージを正したいからである。

京都はコッテリも好みならアッサリもそれ以上に大好きな「両極端の嗜好」を備えた人々の集団なのである。アンビバレント（相反する気持ちや感情）な風土といいかえてもよろしい。もっといえば、その理解不足がややこしい「京都人」像を生み出していると断言してもいい。ともかくも、このことを理解していただければ、皿盛の存在もなるほどとうなずけよう。

皿盛は一言でいえばカツカレーである。ではなぜカツカレーと称せず、皿盛というのか。品書きの短冊を見るがいい。

「かつカレー」というメニューもちゃんと存在しているからだ。要するに、ジャンルとしては同じカツカレーなのに別物なのでありますな。日本広しといえども、僕の知る限りこのような料理はない。

では皿盛の正体とは何なのか？

発祥のいきさつを知ればピンとくる人もいるはずだ。

今は昔、といっても40年ほど前。現在、京阪電鉄の三条駅は地下に広がっているが、当時（京津三条駅）は地上に駅やターミナルがあった。したがって、『篠田屋』はいわゆる駅前食堂だったのだ。

常連客は京阪電鉄で働く社員である。毎日のごとく通う社員から店主に次のような提案がもちかけられた。

「ご飯の上にカツをのせて、カレーうどんのあんかけの汁をかけてくれへんか」

京都人は片栗粉でとじたあんかけが大好きである。日本一のあんかけ王国といっていい。なので、あんかけうどんやカレーうどんはいまもって京都名物の筆頭格になっている。

つまりは小麦粉系のカレーライスやカツカレーだけでは飽きがくるし、食後はカレーとカツの油で胃が重くなる。その点、片栗粉は胃に優しく消化吸収も早い。社員はあんかけ王国ならではの経験値を店主に提案したわけだ。

店主はこの提案にあっさり応じた。最初はカツ丼のごとく丼鉢の上にカツとあんかけをのせて供していたが問題が発生した。

あんかけものは熱対流が低く冷めにくい。いいかえれば湯気がのぼっていなくても、あんかけもカツもご飯も口がやけどするほどの熱さのままで食べることができる。

ふつうはそれでいいのである。冷めたあんかけなどうまいはずがないというか、料理とは呼べないしろものではないか。

ところがだ。電鉄関係の社員はとにかく忙しい。熱すぎるとかえって食べにくくなり業務に間に合わなくなる。新たな提案が出た。

「熱すぎて時間内に食べきれへん。早く食べられるように、少し冷ましたものを出してくれへんか」

熱いものは熱いうちにいただくという鉄則の逆をいく、熱いから若干冷ましてほしいという、常識はずれの贅沢なオーダーだった。社員も店主もいっしょになって考えた。

「そうだ！　あんかけをカレー皿に盛れば低い温度にさらされる面積が広がり、冷める時間が早くなる」

こうして誕生したのが、いまに伝わる皿盛だったというわけだ。当初は裏メニューだったという話もあるが、いまや客の大多数が注文する堂々たる看板メニューに成長し、昭和の風情を色濃く残す駅前食堂は行列店になった。ボリュームが減らないように、皿を大きめのものに替えて提供したというのも店主の客を思いやる気持ちがにじみ出ている。立派ではないか！　いい話ではないか！　22世紀に残したい店ではないか！

と感心してばかりではいけないのだ。

（1）ふつうのカツカレーばかりでは飽きてしまう。（正）
（2）だったら、あんかけのカレー汁で出せないか。（反）
（3）対話の末、皿に盛れば適度に冷めて食べやすくなる。（合）

皿盛もまた弁証法によって生まれた名物料理なのだ。というか、京都という土地はただ古いだけでは満足せず、伝統すら「止揚」して、新たなものを作り出しては保守し、また止揚し続ける永久運動が根づいた土地といってもいいかもしれない。

沖縄のカレーは黄色いカレー

などと、能書きを垂れているうちに、皿盛の半分近くを食べてしまった。やはりあんかけは食感が軽いので滑るように舌から食道にするりと入っていく。

食べ進むうちに、今度は沖縄のカレーに思いを馳せている。沖縄の大衆食堂のカレーは懐かしの黄色いカレーを出す店が圧倒的に多い。

先ほど、京都の「一式食堂」についてふれたが、沖縄は「冷やし物一切」と書かれた看板の古食堂にこの手のカレーを出す店が多い。

冷蔵庫がなかった時代、沖縄の食堂は刺し身や豆腐などの食品が傷まないように、また、コーラやサイダーなどの冷えた飲料が飲めるように冷蔵庫が普及した。

したがって、冷やし物もそろえているという「一切」ではなく、「当店はなんでもあります」という意味で「一切」といったようだ。奇しくも「一式食堂」と「一切食堂」という古食堂にユニークな料理が残されているのであるが、とにもかくにも「一式」と「一切」は京都と沖縄の同質性を文字であらわしたものといっていい。

さて、話をもどすと、昭和30～40年代に一世を風靡《ふうび》したジャガイモ、ニンジン、玉ねぎなどの野菜と肉が入ったあのボッテリとした食感のカレーだ。

昨今のカレーはさらさら化がさらに（シャレではない）進み、スープカレーのルーまで市販されているが、沖縄はいまだ黄色いカレー天国だ。

ここ数年でインドカレー、ネパールカレー、スパイスカレーなどの専門店も増えたが、京都と同じくまだまだ大衆食堂が幅を利かせている沖縄では「黄色いカレー」の幟《のぼり》を掲げたお店まである。人気がある証拠ですな。

なぜ、本土では絶滅種の黄色いカレーが沖縄に残ったのか。確証はないが、おそらく戦後27年間にわたる米軍統治という異民族支配がさらさらしていくカレーの進出を遅らせたのであろう。

ちなみにレトルトカレーは『ボンカレー』が主流。それも1960年代に活躍した女優の松山容子（僕も知りません）が写っているパッケージがいまなお沖縄限定で発売されている。

味も1968年に発売された当時のまま。他府県ではボンカレーゴールド（1978年発売）のテイストがスタンダードになっているが、沖縄だけは別。ボンカレーゴールドより、当初のボンカレーのほうがとろみが強いのがその理由で、それゆえいまだに根強い人気を保っているのだ。松山容子版のボンカレーはいまや沖縄土産の代表的な一品になり、那覇空港でも販売されている。

と書けばわかるように、沖縄人は小麦粉とカレー粉を炒め合わせて作ったものや、市販のカレールーにも仕上げに水溶き小麦粉を混ぜ入れたものが大好きなのだ。

宜野湾市《ぎのわん》にある『みどり屋食堂』の黄色いカレーは通の間ではとくに有名で、見るからにもったりとしている。ハワイのキラウエア火山の溶岩のごとく表面張力が強く、皿の端まで張り出していてもこぼれ落ちることのないカレーが味わえる。このもったり感はもちろん小麦粉が主成分で、食べている最中にズドンズドンと重くなる消化器が身体感覚で体感できるほどだ。

いまどきめずらしい戦前から続く日本の伝統カレーが味わえるとあって、一時、ワタクシは狂喜して小麦粉カレーにのめり込み、フェイスブックなどにもアップし続けた。

いつまでも若いと思っていたが、ワタクシもやはり昭和のオヤジ。カレーをすくうだけでも小麦粉の重さがスプーンを通してひしひしと伝わる感覚を毎日のように楽しんだ。

これも弁証法で容易に説明できる。

（1）本土ではとろみの緩いカレーが売れているという。一度は食べてみるか。（正）

（2）とろみが緩すぎて食べた気がしない。しかもカレーが黄色ではなくブラウンシチューのようだ。そもそもカレーは黄色いどろりとした食べ物だったはずだ。（反）

（3）本土に復帰すればとろみの緩いカレーが支配権をにぎるだろう。せめて、お店だけは昔ながらの黄色いどろりとしたカレーを出して、お客さんを安心させてあげよう。試してみたら、ものの見事に黄色いどろりカレーが人気を得た。（合）

というような過程になろうか。

事実、沖縄は復帰後おそるべきスピードで本土化が進んだが、カレーに関しては頑として抵抗した。そうしていまでは「これはこれはめずらしや。沖縄では黄色いカレーを出している らしい」という噂が広がり、本土の観光客が黄色いカレーを食べに来るまでにいたっている。

ここから沖縄人の気質も読み解くことができる。

「沖縄の人たちは、島に最初に入ってきた商品を長く愛する傾向があるようですね。ちなみに、味はまったく変わっていません」（ＩＴｍｅｄｉａビジネスオンライン・「仕事をしたら〝レトルトカレー〟ができた」［２０１４年1月29日公開］から抜粋）

とは、大塚食品でボンカレーの開発にたずさわった垣内壮平氏の証言である。

僕も異論はない。なぜならこの解説を裏付けるように、沖縄では１９６２（昭和37）年に発売された「オリエンタル・マースカレー」もいまだに販売されているからだ。コメディアンの南利明《みなみとしあき》さんがＣＭで「ハヤシもあるでよ」と名古屋弁でしゃべって一気に人気を集めたあの商品である。中部地方以外ではほとんど見られなくなったらしいが、沖縄にはスーパーにふつうに置かれているし、県産でもないのに沖縄を代表する土産品の定番になっている。

チャンポンは弁証法の鑑

そんな沖縄に誰もが考えそうなのに、誰も思いもつかなかった画期的な料理がある。その名も「チャンポン」という。といっても、長崎のような麺類ではない。

フライパンにキャベツ、モヤシ、ニンジンなどの野菜と豚肉やポークランチョンミートを入れて炒め、最後に溶き卵でとじ、これをご飯の上にのっけた料理。味付けは塩・コショウ。それ以外に特別な調理法はないので、料理といっていいのかどうかも

沖縄大衆食堂の人気メニュー「チャンポン」

あやしいほどの簡便すぎる一品である。

この料理が想定外の盛り付けでデビューし、たちまち大衆食堂の人気メニューに昇格していった。画期的といったのは、いかにも丼で出そうな料理なのに、なんと洋皿に盛ってスプーンでいただくのが鉄の掟だからである。

料理名からして麺類としか思えない人を欺《あざむ》くような料理がテーブルに出されて、「あ、あのチャンポンを頼んだのですが……」と唖然《あぜん》とする観光客を何人も見てきたが、いまもって名前の由来は謎である。そのチャンポンを僕はこう評したことがある。


つまり、一瞥《いちべつ》したところでは野菜炒めのブッカケ飯ではあるものの、その内容を細かく分析すると、玉子丼の和風的要素を保ちながらも、野菜炒めという中華実存主義も内包し、それでいてポークランチョンミートなる戦後アメリカ文化をちりばめ、その一方で盛りつけにインドネシアのナシゴレンを彷彿させる汎アジア戦略も取り込みながら、食べるときはスプーンで！　という欧米列強の開国要求的態度で迫るという、なんとも波乱含みの要素をはらんだ料理なのである。（『沖縄大衆食堂』・双葉社）

発祥は国道58号沿いの官庁街に近い喫茶店やその向かいにある『みかど』という食堂ともいわれるがこれも確証はない。

戦後生まれであることは間違いないが、この料理こそ、地政学も民族主義もやすやすと止揚してしまった、弁証法の鑑というべき逸品と認定したい！

幸いなことに、僕はもともとが少食で、消化器系統の老いのため黄色いカレーにのめり込んだ時代は数年で終わったが、京都に移り住んだいまでも発作的に食べたくなるのがこのチャンポンである。

といっても、自分でも作れてしまう料理なのだが、こいつばかりは家で食べてもちっともおいしくない。やはり昼飯どきの喧騒のなかで、店内のカラーボックスに並んでいる『ゴルゴ13』『鬼平犯科帳』などのコミックやスポーツ紙を読みながら、スプーンで頬張るというのが理想的なのだ。

今度は「ポーたま」を弁証法で考える

沖縄は戦後の米軍統治下で、米兵が食べる食品や食文化が伝統料理と融合したため、不意をつかれるファストフードも多い。なかでもスパムやチューリップ製のポークランチョンミートの缶詰は常備品となっていて、ポークたまご定食から味噌汁やカレーの具にまで幅広く利用されている。

　そのポークランチョンミートが、「ポークたまごおにぎり」（略称・ポーたま）になるとは夢にも思わなかった。

　僕の子どもの頃はパンに挟んで食べたものだった。だってそうでしょう。ハムと屑《くず》肉を結着させたような分厚いコンビーフ状の食べ物と、卵焼きを用意すれば、誰しもサンドするのは食パンかバゲットではないか。

海苔で巻いたご飯にサンドして食べる「ポークたまごおにぎり」

　にもかかわらずわざわざ海苔で巻いたご飯にサンドして食べるのである。

　スパムをおにぎりに挟んだハワイ生まれの「スパムおむすび」を逆輸入したのが起源といわれる。それに卵焼きを加えたのが現在のポークたまごおにぎりになるのだが、ここで弁証法が働いた。

ポークたまごはご飯と味噌汁に、ポークと卵焼きを別皿に盛ったベーコンエッグのような定食であり、現在も食堂の定番メニューだ。つまり、一人前で食卓に最低3つの器が並ぶことになるのだが、誰が考え出したのか、「この程度ならひとつにまとめられるさあ。どうせ口のなかでいっしょくたになるのに」と思いついたのだろう。おにぎりになったのは、東洋人はやはりパンでなく、お米でないと食べた気がしなかったのかどうか。

とにかくいっしょにまとめたいという気持ちがこの「ポーたま」に弁証法的に止揚されたに違いない。やってみると、片手で食えるほど手軽になり、量的にもこれまでにないボリュームのあるおにぎりに生まれ変わった。

ちなみにこれひとつで約350～400キロカロリーを超える食べ物になる。それもそのはずなのだ。スパムは高カロリー、高脂肪、高タンパク質の「三高」食品だからだ。しかも長期保存も可能なので、第二次世界大戦中の連合国の主要な食糧となった経緯がある。

「スパムがなければ、我が軍に食料を配給することはできなかっただろう」

米軍から大量にスパムを提供されたソ連のフルシチョフ第一書記はそう大絶賛した。

とはいえあくまで軍事物資なのだ。戦後はハワイ、グアム、フィリピン、韓国、沖縄など米軍の駐留地に提供されたが、豚肉を食べる嗜好性があった沖縄ではたちまちのうちに全県下に普及した。

それが現在にいたっているのだが、いまや本土のコンビニの定番食品として並ぶほど普及し、ついには那覇空港にも「ポーたま専門店」が出店。信じがたいことに日本人だけでなく、インバウンド客も行列する超人気ファストフードとしての地位を獲得した。

個人的には、沖縄の郷土食以上に外国産のジャンクな食べ物が異様なまでに愛されるのはいかがなものかと思いはする。しかし、戦時の携帯食品が食糧難時代に普及し、お米という主食でおにぎりにして食べられていることを考えると、これも沖縄戦という戦禍とその後の米軍統治という歴史が産み落とした食べ物かなと複雑な思いにかられる。

「ピネライス」の正・反・合

さて、アレコレと沖縄の料理まで考えているうちに、皿盛を食べ終わってしまった。腹ごなしに三条通りから三条名店街を抜けて烏丸通りまでぶらぶら歩くことにする。

途中に「ピネライス」という京都限定の洋食を出す『キッチンゴン京都六角本店』がある。お腹は十分に満ちているので今回は素通りになるが、ピネライスは京都で覚えた洋食のひとつで、ユニークさでは沖縄のチャンポンを超えているといっていい。

レンガ造りのレトロな洋館が並んでいる三条通りにふさわしい洋食店だ。創業は１９７０（昭和45）年。米国で修業していた創業者が帰国後京都市上京区で開業。当時は高級料理のイメージがあった洋食を庶民向けに手軽に食べてほしいという思いで発案したのがピネライスということになる。

賢明なる読者諸氏におかれては、すでに弁証法的思考でピネライスが誕生したことがおわかりだろう。

洋食は高い（正）――→米国で修業した創業者は安い洋食を提供するためのメニューを開発（反）――→工夫をこらしてピネライスを登場させたところ京都限定の名物メニューに登り詰めた（合）……。

ざっと説明すると見事なまでに「正反合」の流れができている。

ではピネライスとはどういう料理なのか。入店したつもりで紹介してみることにする。
①チャーハンの量を選ぶ（２２０グラムから１０００グラムまで6種ある）。
②ピネカツをトッピングする。

③トップソースを選ぶ（カレーソースかデミグラスのどちらかを選択）。
④トッピングを選ぶ（チーズ、目玉焼きなど6種）。

以上の手順で進めていくと、ピネライスが数分後にはテーブルに置かれるという仕組みだ。ちなみにピネとは創業者が海外で修業中にトンカツを出したときに、フランス人からカツを「フィネ、フィネ（もっと小さく小さく）」といわれたのが、「ピネ、ピネ」と聞こえたことからメニュー名にしたという。といっても、お店で出されるトンカツはロース肉でかなりボリュームがあるのでご安心を。

さて、実際に出されたピネライスの風姿を目の当たりにしたあなたは「むむむ」と漏らすか、唖然とするかのどちらかだろう。

この手の洋食はいくつかの皿に盛られるか、トルコライスのように具材を横に並べて出すのがフツーである。というか、それが常識なのだが、ピネライスは非常識を積載した料理なのだ。

すなわち横並びではなく、チャーハンの上にトンカツをドスンバスンとのせて、さらにその上にトップソースをかけるという、意表を突く〈縦型〉の盛り付けなのだ。トッピングは

チャーハンとポークカツとカレーソースが三位一体となったピネライス

種類によって脇に添えられるか、積まれる。初めての人はたいていめずらしがって、テーブルマウンテン状のピネライスをスマホで撮影する。

確かに撮られるにふさわしい盛り付けといっていいが、メニューに記載されたお店の売り文句はこうである。

「チャーハンとポークカツとカレーソースがけの三位一体《さんみいったい》の欲張りメニューのピネライスを考案致しました」

と、紹介すると、

「何をぬかす！　チャーハンは中華料理ではないか。トンカツも１９２９（昭和４）年に上野御徒町の『ポンチ軒』で開発された料理だ。断じてこれは洋食ではない」

と怒髪天《どはってん》を衝《つ》くようなややこしいカスハラ予備軍もいるだろうから、あらかじめ反論しておく。

洋食はあくまで西洋風の料理を日本人に合うようにアレンジして誕生した和洋折衷《せっちゅう》型の

料理のことをいう。洋食と西洋料理の違いをきちんと理解すれば、ピネライスは「洋食」のお手本のような料理なのだ。

ちなみにチャーハンはハムと玉ねぎベースの薄味で、油分の強い中華料理のそれとは違って、昔の喫茶店にあったピラフのような懐かしい風味でまったくくどさはない。

「ばかやろう！　ピラフは炒めた米をいろんな具とともにスープで炊いたものだ。炒めたご飯はあくまで焼き飯だ！　詐欺だ！　訴えてやる」

と吠《ほ》えまくるカスハラオヤジは出禁にしますので、そのつもりで。

懐石だけが京都の料理ではなく、
チャンプルーだけが沖縄の料理ではない

とまあ、弁証法と洋食を三位一体の形にしてみせたピネライスはトンカツをエビフライなどにチェンジできるし、チャーハンとナポリタン＋ポークカツ＋カレーソースを積載したトルコピネライスやオムピネライスもあって、メニューも豊富。目の当たりにすれば、これまでの「京都料理」の概念が粉砕されること間違いなし。

ついでにいっておくと、京都は洋食屋やエスニック料理店が日本でもトップクラスに多い都市なのだ。中華料理にいたっては『京都の中華』（姜尚美著・幻冬舎文庫）という本が売れまくった。餃子、酢豚、天津飯などメニュー名は同じでも、京都の中華料理は他府県と風味が異なる。その京都独特の調理法やお店が紹介された名著である。

このことは沖縄も同じ。チャンポンも麺類ではなくご飯物であったように、食堂の「味噌汁」「煮付け」「おかず」「カツ丼」なる品書きが、本土とは異なる料理としていまも存在し続けている。ここはひとつ沖縄まで足を運んで実食してくだされ。沖縄は日本の尻尾でなく、アジアの玄関口であることが料理を通して実感できるはずだ。

京都と沖縄は斬新な料理を生み出しているが、これは他府県にもあてはまる。同じ料理名や食材でも歴史、年中行事、習慣によって、その土地でしか生まれない料理に変化して、その土地独自の味付け、盛り付けになる。

固定観念を打ち破られていく経験が多いほど、人倫《じんりん》や人間の幅も広くなる。いいかえれば懐石だけが京都の料理ではなく、チャンプルーだけが沖縄の料理ではないことがわかれば、両地の同質性や異質性を発見できるし、そこで得た知見は他府県の食文化にも波及していく。

「煮付け」の衝撃

ダメ押しに以下の料理を紹介しよう。あなたならどんな料理名にするだろうか。ゴボウ、ジャガイモ、大根、こんにゃく、ピーマン、ニンジン、昆布巻がおでんのように煮込まれ、豚肉の三枚肉、卵焼き、ポークランチョンミート、天ぷら、焼きサバなどの食材もいっしょに盛り付けて出される。このおそるべきメガ盛りおかずにご飯と沖縄そばの汁物もついてくるのだ。前述した『みどり屋食堂』の看板メニューだ。さあて、あなたはどう名付けるか?

本土では煮付けといえばカレイ、キンメダイ、サワラ、メバル、ブリなどの魚のことをいうけれど、『みどり屋食堂』ではこの致死量を超えた料理の名が「煮付け」なのである。語尾に定食とついていないのも副菜と間違えそうでややこしい。

一般の煮付けは焼きサバや天ぷらはついていないので、おそらく現在ではこれが県内最強の「煮付け」かと思える。がしかし、食べ物は史的唯物論的に弁証法で永久発展していくので、今後も凶暴なゴリラ盛りの料理が登場するかもしれない。

ちなみに沖縄はかつて日本一の長寿県だったが、いまは日本一の肥満県である。理由は

「煮付け」を知ればいうまでもない。

太りやすい都市

最後に付言しておくと、京都は量が少なく上品な盛り付けの土地のように思われがちだが、胃に歯の生えた学生たちの町でもある。なので、「二郎系」のボリュームで勝負してくる定食屋や町中華が多いのでけっしてあなどってはいけない。

背脂系のこってりラーメンの町であり、牛肉摂取量日本一の京都は炭水化物の多いパンの摂取量も日本トップクラス。意外にもマクドナルドの出店数も日本一多く、同質性という点では豚肉摂取量日本一でファストフードが大好きな沖縄とよく似ている食材環境なのだ。したがって、両地とも油断すると太りやすい食材を多食している都市といっていい。それを証明するようなお店が存在する。

たとえば堀川丸太町近くにある町中華『チャーミングチャーハン』。メニューはすべて１０００円以下でかなりコスパのいい店だが、３００円プラスすればすべてチャーハンがついてくることで有名で、テレビでもよく取材されている。

では焼飯に300円プラスすればどうなるのか？　見事に同じチャーハンがもうひとつついてくるのである。つまり、ダブルチャーハンというわけで、大盛りよりはるかにお得なメニューになるのだ。お腹をすかせた学生のために始めたという話を又聞きしたことがあるが、確かに飢えた若人にとって大切な三大栄養素の筆頭は炭水化物である。

学生の町らしい特徴が生んだ発想といっていい。それでも京都は都道府県別の肥満ランキングは40位台で下位。子どもの肥満率にいたっては最下位である。

京都と沖縄とは同質性が高いけれど、健康度は明らかに異なる。京都は人口の約1割が学生で、全国の大都市で最も高い。その若者の新陳代謝の高さが肥満度を下げているのかどうか。

その点はよくわからないが、それはそれとして、沖縄人はどう考えても食べ過ぎである。ここは京都に学んで一刻もはやく肥満県日本一を返上したいものですな。

甘

向田邦子と
松風と
まちかじと

名物にこそ

伊丹空港で那覇行きJAL2081便の飛行機を待ちながら、ある本に没入している。それについては後述するが、伊丹空港のお土産品といえばかつては「岩おこし」「粟《あわ》おこし」「551蓬莱《ほうらい》豚まん」などが定番だった。が、いまはがらりと変わって吉本興業の芸人がキャラクターになったお菓子が並んでいるかと思えば、オシャレな「ロールケーキ」「チーズケーキ」なども負けず劣らずと店の一等地に勢ぞろいしている。

そのなかでも京都のお菓子はあいもかわらず根強い人気を保っているようで、「八ツ橋」「漬物」を筆頭に、いま大人気の抹茶系のスイーツが何種類もいかにも京土産にふさわしい柄の上品なパッケージで販売されている。

京都と沖縄は日本を代表する観光地ゆえ、地元産の特産品が多い。いわゆる名物ですな。名物にうまいものなし、という文句はいまや昔の話。バブル期を経るなかで世界中のうまいものがメディアでとりあげられ、日本国内でも「ご当地グルメ」などと称してさまざまな新商品が続々売り出された。いまや「名物にこそうまいものあり」の時代になったのだ。

お酒にプレミアムがついたり、たかがラーメン屋といっては失礼だけど、店の周りを囲むほどの行列店ができたりした。並んでまで食べ物を食うというのは日本男児として最も恥ずべき行為で、グルメが嫌いだと叫んでいた硬派のワタクシも、「佐久信」「春木屋」「丸福」などの名店が並んでいた荻窪《おぎくぼ》ラーメン戦争が勃発した頃はまるで別人になってしまった。開店前からマスクに帽子姿でこっそり身を隠しつつ行列に加わったものである。

荻窪ラーメン戦争は1980年代半ばだったと思うが、それ以降はラーメンのみならず、カレー、寿司などもいっせいにとりあげられ、一億総グルメ時代に突入した。つい30年前ほどまで「すいとん」で腹を満たしていたくせに、この国は一億総胃下垂的と思えるほど食べ物しか頭にない人間が多くなり、ますます民度を下げて現在にいたっている。

その真っ只中で愚かにもグルメ雑誌に関わっていたワタクシは、自分の向かうべき人生とやっている仕事とのギャップのなかで懊悩《おうのう》していた。ところがふと気づけば飲み屋で口角泡飛ばしながら、どこそこの店は云々と白熱の議論に興じていたのだから、当時のワタクシも救いようのない人間のクズであった。このページを借りて反省するとともにお詫びを申し上げたい。

といっても、誰にお詫びしてよいのやらわからないので、それはさておく。

向田邦子の『霊長類ヒト科動物図鑑』

そういうグルメ時代に僕の目を覚まさせてくれた本があった。いま空港の待合室でその本を久しぶりに読んでいる。せっかくなので引用させていただくことにする。

「う」は、うまいものの略である。

この抽斗《ひきだし》をあけると、さまざまの切り抜きや、栞《しおり》が入っている。

焼あなごの下村、同じく焼あなごのこぶ七や仙台長なす漬の岡田、世田谷にある欧風あられの幸泉、鹿児島の小学校のときの先生が送って下すったかご六の春駒。

仕事が一段落ついたら、手続きをして送ってもらいたいと思っている店のリストである。この次京都へいったら一番先にいってみたい、花見小路のおばんざい御飯処。高山のキッチン飛騨。

物臭で仕事のためにはメモを取るのもおっくうがるのが、貸本の婦人雑誌でみたいわしの梅煮や大根と豚肉のべっこう煮などというのは、ちゃんと、あとあとまで読める字で、写しをとってホチキスで束ね入れてある。

　この情熱の半分でもいい、仕事に廻したら、すこしはましなものが書けると思うのだが、台所と食器には身分不相応のお金と労力をかけたものの、机及びその周辺は、十数年前の、ほんのあり合せを不便さをかこちながら、使っているのである。

　人は「う」のみにて生きるにあらず。お恥かしいかぎりである。


わかる人はすぐにピンとくるほど有名な一節である。「うの抽斗」といえば、思わずポンと膝をうつに違いない。膝をうたない人は読まれていないはずなので、ぜひご一読あれ。『霊長類ヒト科動物図鑑』（文藝春秋）の「う」という章の最後のくだりである。そう、著者はあの向《むこう》田《だ》邦《くに》子《こ》さんである。

〈あの〉と書いたのはほかでもない。僕は向田さんにひそかに恋心を抱いていたほど彼女の大ファンで、もし、彼女の本を読んでいなければこの業界に身を置くことはなかったはずだ。

初版本が上梓《じょうし》されたのは1981（昭和56）年9月1日。同著には「ヒコーキ」という章があって、以下のような文章もある。


　私はいまでも離着陸のときは平静ではいられない。まわりを見廻すと、みなさん平気な顔をされているが、あれもウサン臭い。本当に平気なのか、こんなものは乗りなれておりますというよそゆきの顔なのか。

向田さんが飛行機事故で亡くなられたのは8月22日。つまり亡くなられた直後に出版された新刊だった。いかにも因縁めいた作品なので、「ヒコーキ」は虫の知らせと騒がれたものだった。

実のところ、「ヒコーキ」には奇しくも沖縄に取材旅行で足を運んだことが記されている。初めての沖縄旅行だったらしいが、その帰りに羽田空港の荷物待ちのカウンターで突き飛ばされた逸話も書かれている。

この後、向田さんは「沖縄胃袋旅行」を執筆。１９８１年発行の『旅』の7月号に発表されている。繰り返すが飛行機事故はそのひと月後のことである。

つまり『霊長類ヒト科動物図鑑』は沖縄に縁がある僕にとっても因縁の本だったのだ。

食べ物をおいしそうに書ける達人

さて、『霊長類ヒト科動物図鑑』の「うの抽斗」に戻る。

「う」とはうまいものの略で、向田さんが全国の気に入った食べ物からお菓子まで、「うまいもの」の覚えとして商品リストを作り、ラベルの切り抜きや栞をしまっておいた抽斗のこと。いま風に表現すると「全国うまいもの取り寄せ抽斗」といおうか。

向田さんのライフスタイルをテーマにした本には必ずといっていいほど写真が掲載されているが、リビングの片隅に置かれたスチール製の整理棚に「う」と表示された抽斗が上から3段目にある。

抽斗をひとつ設けるだけで取り寄せたいものがわかるようになっているから、確かに使い勝手がいいのである。それが向田邦子ファンに広がり、僕も真似させてもらったが、その抽斗がどこにあるのか思い出せなくなって3年ほど経過している。

彼女は食べ物のエッセイをよく書いているけれど、けっして鼻につくグルメではなかった。「昔カレー」「海苔巻きの端っこ」「味醂干し」など、庶民がふだん口にする食べ物をおいしそうに書ける達人だった。

書きながら思い出したが、まさか、同じ職業につくとは思いもしなかった僕は、勉強のつもりでよく彼女の書いたエッセイを筆写していた時期があった。そのたびに、グルメっぽくなりそうな文章を嫌味なく書くコツを学ぼうとしたものだった。

向田さんの作品にいまだに遠く及ばない駄文になってしまうのは、自分の日常に彼女のような「大人の暮らし方」がないからだろう。

「松風」をめぐる話

「うの抽斗」はまさに彼女にしか思いつかない大人の暮らし方が垣間見える作品といえよう。その抽斗に京都関係のうまいもんが3つ入っている。

・瓢亭「梅の甘煮」
・永楽屋「一と口椎茸」
・松屋常盤「味噌松風」

この3つはワタクシでも手の届く価格なので、すべて口にしたり、おすそわけしたりしたが、あえて共通項をあげるとするなら、京都で暮らす人が先様《さきさま》に贈る贈答品に向いているという点であろうか。

あるいは贈り物の神様といわれた向田邦子セレクトといっても通じる大人の味のする逸品である。20代、30代が贈るにはまだ早く、アラフォーなら渋く、アラフィフなら知っておくべき贈答品のたぐいといっていい。

さて本題はここからである。

この向田邦子セレクトがなぜ京都と沖縄の同質性に関係しているのか。注目していただきたいのが、松屋常盤の「味噌松風」。通称、「松風」という和菓子が沖縄にもあるからだ。その名も「まちかじ」で読みまで同じなのである。

「呼び名が同じやと？　アホか、全然違うやないけ、このオッサン」という半グレ男にレクチャーさせていただくと、本土語の母音は、「あ・い・う・え・お」の5母音であるが、沖縄言葉の母音は3母音で「え」が「い」に「お」が「う」に変化する。

すなわち、沖縄の母音は「あ・い・う・い・う」である。

たとえばなぜ沖縄は「うちなー」と呼ばれるのか。「おきなわ」の「お」が「う」に変化するので、「うきなわ」になって、「うちなわ」──→「うちなあ」──→「うちなー」になるという具合。沖縄そばは「うちなー」に「そば」がくっついて、そばの「そ」が「す」になって、「うちなーすば」である。

なので松風の「つ」が「ち」になまって、「ぜ」が「じ」になる。

つまりですな、わかりやすくいうと本土語と沖縄語は親戚で、本土の古い言葉が沖縄にはまだ残っているというわけだ。

わかりやすい例をあげると菅原道真の「東風《こち》吹かば匂いおこせよ梅の花〜」という和歌の「こち」は、沖縄では「東風平」＝こちんだという地名で残っている。

これで半グレ男もわかりましたかな。事実、沖縄では「まちかじ」に「松風」という漢字をあてて販売されている商品もあるので、松風とまちかじは同質性どころか同種のお菓子といっていい。

加えて、松風と名のつく菓子は岐阜県、愛知県、熊本県、山口県にもある。

僕の知る限り、京都には味噌松風を製造しているところが3店舗あるが、向田さんが愛した松風は『松屋常盤』。御所南にあって、創業は承応年間。１６５０年代から朝廷御用達の老舗で茶事の盛んな大徳寺、千家などの茶道の家元に菓子を納めていたとされる。驚くべきことにその伝統はいまも続いていて、現当主で16代目にあたる。

司馬遼太郎も松風については『燃えよ剣』などの小説に登場させたり、エッセイで記していたりするが、こちらの松風は『亀屋陸奥《むつ》』といって、創業は戦国時代まで遡る。織田信長の本願寺攻めが落ち着いたときに兵糧方《ひょうろうがた》が松風をつくったとされる。のちにその兵糧方が本願寺の向かいで菓子屋になり、いまにいたっているという。おそるべきことに、こちらも現在、西本願寺に納品しているという。

京都の老舗は日本史年表を横に置かないとはかりしれないほど古い。そして、いったん取引先が選定されたら永劫変わらないというのも京都の商いの凄みといえる。

いずれにせよ、当時の味がいまでも手軽に味わえるのは何に感謝すればいいのかと考え込むほど松風の歴史は長い。

京都の和菓子の深み

『松屋常盤』はホームページで惜しみなく原料を公開している。

「味噌松風とは、西京味噌と小麦粉に砂糖を加えて練り、表面に黒胡麻を散らして焼きあげた菓子。厚さは4センチほどで、食べやすい大きさに切り分けていただく。表がこんがりときつね色で、見た目には和風のカステラを思わせるが、やや堅めのしっかりした食感が特徴だ。西京味噌の香ばしさと抑えた甘さは、とりわけ茶人好みといえる」

和風のカステラという表現はまことに的を射ているといっていい。なんせ、西京味噌ですからな。見た目はカステラでも味噌の風味がたまらなく日本人向きでお茶に合うのだ。この点から考えても千利休《せんのりきゅう》が支援した大徳寺と密接な縁があったことは間違いない。

ちなみに松風という風流な名の由来だが、謡曲《ようきょく》の「松風」の「浦寂し、鳴るは松風のみ」という一節からきているらしい。表面はケシで飾られ、焼き色がついているのに、裏側は白くて寂しいことをかけた、いわばシャレである。ちなみに、この味噌松風は店舗でしか購入できないが、地域によっては送ってくれる場合もある。

おそらく向田さんは京都で実食し、いっぺんにお気に召して、たびたび送ってもらっていたのだろう。妹さんにも少ししかおすそわけしなかったというほど気に入っていたという。

実のところ、ワタクシも味噌松風によって和菓子に開眼した。甘いだけが菓子ではなく、口中に広がるほのかな香りを楽しむのが菓子で、「風味」とはまさにこのことをいうのだなあと学んだのだ。それからは洋菓子も好んで食べるようになり、かつての辛党は徐々に甘党にシフトしつつある。

年齢を重ねて菓子の深みというものに目覚めたのかどうか。というより、ワタクシごときの舌など簡単にねじふせるほど、京都の和菓子のうまさは説得力があるといったほうが正しい。京都の不思議のひとつはその和菓子屋の存在だ。

京都では数代続いているような質素で小さな和菓子屋を町のそこかしこで見かけるのだが、住宅地のウチの近所でも一軒も店を閉じていないのだ。寺が多くて法事や茶事が頻繁にあること、ちょっとした贈答品に最適であること、赤飯やいなり寿司も必ず置いてあって重宝することが理由らしい。

総務省の家計調査によると、京都はパンの購入金額が日本一高く、都道府県平均値の実に1・4倍を消費している。京都人は新し物好きで、職人の町でもあるため、手軽に食べられるパンが好まれているのだ。パンを食べるならコーヒーも飲むというのが道理で、京都市の1世帯あたりのコーヒー年間消費支出額（消費量3571グラム）も全国1位である。

それと同じで京都はいわずとしれた銘茶の産地。お茶がおいしい土地なら当然、和菓子も売れるというわけで、京都府の和菓子店は、人口10万人あたりの登録件数で全国1位。生和菓子の消費量は全国5位という高い水準を推移している。

なにしろ和菓子など目もくれなかった僕が深夜、こっそり階段を下りて桜餅やみたらし団子を頬張っているのだから、この数字に間違いはないはずだ。

「きっぱん」——沖縄の高級菓子

さて、沖縄のまちかじである。原料は小麦粉、砂糖、卵と京都の松風とほぼ同じ。大きく異なる点は味噌を使わないこと。そして、食紅で薄紅色に着色した生地を焼き、帯状に切り分けて結ぶ点。したがって、見た目は松風とは異なり、表面にはケシの実や白胡麻がまぶされている。

年中暑い沖縄では日持ちするように、焼いてパリパリにしたのだろう。帯を結んだようにしているのは結婚した2人や両家が仲良く結ばれることを願ってのこと。縁結びを形で表現したおめでたいお菓子なのだ。

同じ名前でも姿形は違うけれど、よいものは積極的にとりいれて、風土や気候に合わせたオリジナルのお菓子にした点はチャンプルー精神に合致している。

沖縄にはもうひとつ忘れてはならないお菓子がある。これも向田邦子さんが愛したお菓子のひとつで、詳細は『女の人差し指』（文春文庫）の「沖縄胃袋旅行」に収録されている。「きっぱん」という沖縄にしかなく、それも店舗でなくては買えない高級菓子である。口にできたのは首里の王家や士族などの一部。したがって、沖縄本島中北部や離島にはほとんど知られていない。

きっぱんは沖縄特産のクニブ、カーブチーと呼ばれるみかんを砂糖で煮詰めて直径4センチほどに丸め、白砂糖の衣でコーティングしたものだ。

向田邦子が愛した「きっぱん」。沖縄にしかない高級菓子

漢字で書くと「桔餅」「橘餅」となる。漢字から連想できるように、沖縄は中国との関係が深かったことから中国由来の菓子が多い。これに工夫を凝らして沖縄人の口にも合うようにしたわけだが、京都ともつながっていたので、松風＝まちかじのようなコラボ菓子も生まれ、さらには戦後の米軍統治がもたらした洋菓子も誕生した。沖縄の菓子の多様性については日本でもトップクラスといっていい。

ところがきっぱんを作る店舗に限っては激減し、一時は絶滅危惧種になりかけた。自慢ではないがといいつつ、自慢してしまうのだが、向田邦子ファンの僕は彼女が「きっぱん」を好物にしていたことを知っていた。なので、さまざまな媒体に紹介したり、店舗の後継者が腐心したりした経緯もあって、きっぱんの名は本土に広がった。こうして贈答品やお土産品としてかろうじて残った。まさに向田邦子が残した味だったのだ。

向田さんは戦前の一時期、小学生時代に父親の転勤で鹿児島に住んでいたことがあった。そのとき、彼女の父親が沖縄に出張に行った先のお土産で、このきっぱんの味を知ったという。よほど好きだったようで、「沖縄胃袋紀行」には懐かしのそのきっぱんを食べることが旅の目的であったことが冒頭に記されている。

「きっぱん」は鹿児島を離れ、戦争がはさまり、遠いかすかな思い出となって四十年近い歳月が流れた。沖縄と聞いて胸がさわいだのは、「きっぱん」が食べられるかも知れないと思ったからだ。

今までにも沖縄へゆく友人に頼んだのだが「見つからなかった」という理由で駄目だったからである。

向田さんのあいかわらずの記憶力は沖縄でも発揮されていた。

僕も移住したての頃だから初めて口にしたのは１９９７年のことである。とにかくその味は驚きの連続であった。

口にふくんだとたん、まず舌に甘さが走り、その甘さが舌にのって奥へ運ばれていくうちに、今度はいともやさしいほろ苦さが広がり、そしてさらに今度は鼻から柑橘類特有の爽やかな香りがふんわりと抜けていく。

ひとつのお菓子で３種類の際立つ風味が、もはや芸術的といえるほどに次々と立ち登っていくのである。

きっぱんはまるで、味覚を奏でるオーケストラが封じ込められているかのような趣と表現したこともあったが、とにかくワタクシのような味音痴でも上品で雅びな味わいを感じさせてくれるのだ。

といっても、食べたことのない人には伝わらないだろうけれど、沖縄には高い技術をもつお菓子職人がいることに驚かされた。あの向田さんが子どもの頃からずっとこのきっぱんに焦がれていたのもわかろうというものである。

いったいどうすれば、ひとつのお菓子の中にこういう味を仕掛けることができるのか。原料は柑橘類と砂糖と水。まず、柑橘類の皮を剥いて種や果汁を除き、果肉だけを細かく刻む。これに水と砂糖を加えて長時間煮詰め、冷めないうちに丸めて表面を乾燥させる。

そして、その外側に濃い砂糖の入った湯を何度も塗りなおす。これが固まると表面に白い衣ができる。この時点で丁寧に形を整え、砂糖が乾燥して固まったところで、もう一度同じ作業を繰り返して完成品となる。

仕上がるまでになんと5日もかかるそうだ。庶民の口に入らなかったのは当然だろう。もともとは300年以上前に中国の福州から伝わったとされている。これに手を替え品を替えて沖縄版のきっぱんができあがるのだが、この風味の素晴らしさに中国からの使節団も舌を巻いて驚いたというから、当時の琉球には世界最高峰の味を供する職人がいたことになる。

こういってはなんだが、なにかとテーゲーで難儀なことを嫌う沖縄人がよくぞこのような手間のかかる菓子を作ったものだと思う。

戦後は数軒の店が細々と製造を受け継いできたが、次々と廃業していつしか製造元は1軒のみとなった。それがいま那覇市松尾にある『謝花《じゃはな》きっぱん店』だ。向田さんはあちこちまわって、やっとのことでこの店を探し当てている。

ホテルまで待ち切れず、タクシーのなかで開き、端を折って食べてみた。物凄く甘くほろ苦い。昔と同じ味である。四十年の歳月はいっぺんに消し飛んで、弟や妹と若かった父のまわりに目白押しにならび、茶色の皮のカバンから手品のように出てくる沖縄土産を待つ十二歳の女の子にもどっていた。『きっぱん』は、わが沖縄胃袋旅行の最高のデザートとなった。

繰り返すが、向田さんが台湾上空の飛行機事故で急逝《きゅうせい》されたのは、この「沖縄胃袋紀行」を書き上げたひと月後のことである。

あれから四十数年、向田邦子がこよなく愛したきっぱんは、京都の大徳寺の茶会の菓子にもとりいれられ、いまや沖縄を代表する銘菓のひとつに数えられるまでになった。

松風とまちかじ、きっぱんと大徳寺……、沖縄と京都のつながりはかくも深くて太い。などと思いを馳せながら那覇行きの機内に入った。今回の沖縄取材の帰りに買うお土産は、もちろん「きっぱん」。それ以外にないなと心の中で誓った。

書

読書家と
檸檬と
検定と

本と出会える街

京都の新京極からもうひと筋、西に入る寺町通りを歩いている。その名の通り寺も多いが、池波正太郎が愛した通りでもある。寺町を散策するときは「そのたびに尚学堂で古地図を買い求めるのを例とした」と著書の一節にある。

江戸時代から現代までの古本を取りそろえている古書店として知られ、時代小説を書き続けた池波にとって、なくてはならない店だったのだろう。

時代小説が好物の僕も江戸時代の残り香を嗅《か》ぐためによく立ち寄る書店だ。京都といえばどこもかしこも混雑するが、寺町通りは比較的落ちついた通りで、しかも古文書を扱う店がなんのてらいもなく点在している街でもある。千年の都、京都にとって江戸期はほんの少し前の時代にすぎない。

本書のもうひとつの主人公である沖縄といえば、青い海と空のマリンリゾートの島。そこには一見したところ、活字のイメージは浮かんでこない。

だが、那覇のど真ん中には1階から3階までの売り場の総面積が5000平方メートル、蔵書数130万冊を誇るジュンク堂書店那覇店がある。小さな島ながら、その実、西日本最大級の書店が存在している地なのだ。

僕にとっての京都と沖縄は本と出会える街だ。沖縄で20年間も暮らし、京都に移り住んで6年が経過してから、そう思うようになった。そのことを裏付ける数字がある。

ダイヤモンド・オンラインが２０２０年に実施した「読書家が多い都道府県ランキング調査」によると、男性が京都府３位、沖縄県６位。女性は京都府５位、沖縄県は12位につけている。

読書離れの増加が叫ばれて久しいが、京都と沖縄はいまも読書習慣が根づいている地域なのだ。電車やカフェはいまやすっかりスマホを熟視する人で占められ、京都もその例外ではないが、大学や高学歴者が多い京都では現在も地下鉄やバスで本や参考書を開いている人をよく見かける。

京都に越してきたとき、昔懐かしいその光景を目の当たりにして驚いたものだ。

出版王国

尚学堂の斜め向かいには『美術書出版株式会社芸艸堂《うんそうどう》』がある。

京都は出版元祖の地で、『源氏物語』に代表されるように発祥は平安時代まで遡る。木版印刷はその頃からの印刷技術だが、芸艸堂はいまや日本で唯一の木版印刷の書籍や美術書を発行し続けている出版社だ。

北斎《ほくさい》、広重《ひろしげ》などの浮世絵をはじめ、若冲《じやくちゆう》や雪佳《せつか》などを再摺《ずり》した作品なども制作。その方面では著名な出版社だ。「冨嶽《ふがく》三十六景」も発刊されているがワタクシには手の届かない価格。なので、ここは素通りして二条通りを西へ向かい、烏丸通りを下がる。

本を読む人口が多ければ、本を作る企業も多いのが道理というもの。歩いていると小さな出版社がそこかしこで見え隠れする。

京都府の場合、大手出版社から個人経営の超零細規模を含めた出版社数は約１３０社。沖縄県はほとんどが零細規模の出版社で占められているが、出版社数は約１００社近くに上る。東京を除く地方出版のなかで、両地はトップクラスを維持しているのだ。需要と供給の関係が示す通り、沖縄に読書人口が多い理由はそこにある。

書店も瞠目《どうもく》すべきものがある。京都人なら本屋といえば『大垣書店』を連想する。京都府を中心に全国で50店舗を展開し、30年間増収という驚異の記録を更新。ついには東京進出を実現させた京都発の書店王として君臨している。

とりわけビジネス街の中心地、四条烏丸にある『大垣書店京都本店』の造りはユニークだ。四条通り側の正面入口から入店すると、左には花屋さん、右にはカフェ、正面には骨盤矯正グッズや京都名物のお土産があって、その先左手には小ぢんまりとしたバーが併設されている。むろん昼飲みできる正統派バーである。

なので、表から入ると書店にはとても思えない。そこからさらに歩を進めるとようやく本棚のゾーンが林の小径《こみち》のように奥へ奥へと延びている。一等地には京都の関連本が設置され、さらに進むと芸術書やイラスト関係の本棚がドカンと面陳《めんちん》されている。そのカラフルさやポップの群も見どころのひとつだ。

さらに奥に進んで書棚の林を抜ける直前には寿司屋、餃子屋&煮込みの居酒屋、その奥には京都の肉の専門店を代表する、『モリタ屋』のフードマーケットが広がっている。

本屋に来ているつもりが京都を丸ごと売るお店に入っている感じで、少なくとも僕はこんな異次元の書店を目にしたことがない。それゆえ目移りしてワクワクする。

これぞ攻めの商いで、遊び心や常識を覆す力がないとこういう店舗は実現しない。本を読まないお客さんでも十分楽しめるお店で、実際、『大垣書店京都本店』は地元の人が足を運ぶスポットのひとつになっている。

京都一を競う店舗

ここからは四条通りをまっすぐ東に歩いて、河原町通りに向かう。ものの10分ほど上ると京都の書店のもうひとつの雄、『丸善京都本店』が入っているBALビルが見えてくる。

創業1872（明治5）年。京都市のメインストリート、河原町通りのほぼ中心に店を構える老舗中の老舗だ。

フロアは地下1階と地下2階の2フロア。総面積は約1000坪もある巨大店舗だ。蔵書数はなんと約70万冊で、むろん、一店舗としては面積も蔵書数も京都一を誇る。

数字では実感できないだろうが、天井までの高さが4メートルもあり、通路は他店の2倍の広さ。すれ違っても鞄などが接触しない造作になっているのだ。

カフェと文具・雑貨を併設した高級感漂うフロアは静謐《せいひつ》で開放感のある落ち着いた空間になっていて、あたかも図書館を思わせる「風景」がドーンと広がっている。

『大垣書店』も『丸善京都本店』も地元出版社が発刊するいわゆる京都本が充実しているのが特徴で、丸善京都本店にいたっては本棚の一列近くを京都に関連する本が占めているコーナーがある。

冊数はガイド本や雑誌、情報誌を中心に約２０００冊。そのほか、料理、茶道、建築関係、郷土史、洋書などを合わせると３０００冊にも上る。

京都は日本文化の発信地であるから、仏教関係の教学書や仏教美術の専門誌も置かれている。

これに加えて京都を舞台にした小説や物語、絵本、画集などがほかの棚に散らばっているのでカウントするのは不可能といっていい。ついでながら学生が主体となって運営しているクオリティの高い「京都大学新聞」も棚に差し込まれている。

さて、『丸善』といえば洋書の豊富さで知られる書店である。京都は学生の街だけに、語学関係を専攻している学生や教員、専門家にとって洋書は不可欠。そのことを示すように洋書エリアは地下２階フロアの約３分の１を占めている。冊数は約５万冊。むろん京都一の蔵書数である。

僕も学生時代には洋書を漁《あさ》りに丸善に足を運んだものだが、背表紙まで原語なので（あたりまえのことだけど）、何を選んでよいかわからず、行くたびに退散した覚えがある。

「本を食べろ」

ついでながら、『丸善京都本店』は僕の読書遍歴にまつわる忘れられない出来事が頭の中にこびりついている本屋でもある。

あんたの好物はと問われれば、「食べ物よりも本である」と直立不動で答えることができる。

きっかけになったのは祖父である。西暦1900年生まれの祖父は、「明治気質」という言葉があるように、気難しく頑固一徹を絵に描いたような人だった。

そんな祖父が小学校1年生になったばかりの僕にこういい放ったことがある。

「本を食べろ。本は食べ物と同じだ。食べなければ丈夫な体ができないように、本を読まないと知識が身につかない」

祖父の厳命に僕はしたがった。読んだ本を破っては食べた。いちばんうまかったのは国語辞典の薄手の紙で、口に放り込んではヤギのようにもぐもぐ食べた。

なんてことはあるはずないが、「本は食べ物」という言葉は7歳の子どもにも印象的だったせいか、いまでも鮮明に覚えている。

沖縄の農村に生まれた祖父は家が貧しくてろくに学校に通えなかったために、教員をしていた親戚から本を借りて自力で読み書きを学んだ話も聞き飽きるほど聞かされた。

祖父は戦前に大阪に出稼ぎに出て90歳で亡くなったが、その実家の仏間の書棚には彼が読んだ本が残されていた。

夏目漱石や森鷗外など著者別に網羅した全20巻ほどの近代日本文学全集である。百科事典のように並んだその全集は祖父自身がまさに食べるように貪《むさぼ》り読んだ本で、僕自身も後追いして読破した全集でもある。

法事で実家に帰るとよく手に取ったが、ページをめくると例の言葉が聞こえてきそうで、仏壇の位牌《いはい》よりも祖父の存在を感じたものだ。

「これで好きな本を買いなさい」

毎月のお小遣いをくれるたびに祖父はそういった。おかげで僕は小学生にして活字中毒者になり、高学年になると進んで図書係になった。

昼休みと放課後、図書室に出向いて本の貸出カードを書くだけの作業で、給食もその場に持ち込むことができた。昼食時は本を借りにくる生徒はまずいないので、やることはほとんどない。

なので、本を読みながら給食を食べた。いまでいう孤食の片手食いである。しかし、読書にはもってこいの環境だった。まさに至福の時間であった。やがて片手食いは性癖になり家の食卓でもやるようになった。

「行儀《ぎょうぎ》が悪い！」

叱責《しっせき》された母に本をとりあげられたりもしたが、結局、初老期になったいまでも食事中は片手に活字、片手に箸という「ながら族」がやめられないでいる。ついでにいえば、トイレはもちろん、風呂に浸かりながら読むという読書も僕にはこの上ないハッピータイムである。

それはさておき、図書係を務め上げたおかげで図書室の本はすべて読破した。

当時は外国の推理小説や冒険小説に没頭し、コナン・ドイルの『シャーロック・ホームズ』シリーズ、ジュール・ヴェルヌの『地底旅行』『80日間世界一周』、H・R・ハガードの『ソロモン王の洞窟』などは暗記するほど読み返したものである。

志賀直哉の『小僧の神様』、夏目漱石の『三四郎』『坊っちゃん』も好きな本だが、『こころ』を読んだときは人間の内面の機微《きび》の奥深さに心打たれ、祖父が生まれた明治時代というものにしみじみ思いを馳せたものである。

それがきっかけとなって、その後は歴史や戦史、伝記に入り込んでいった。母が沖縄戦を体験していることから、沖縄戦史や太平洋戦史も次々に読み込んでいった。

梶井基次郎『檸檬』に悶絶

そんな僕の読書癖につまずきが生じたのは中学2年になったときだった。僕の読書好きを知った担任の教師にこういわれたのである。

「梶井基次郎《かじいもとじろう》の『檸檬《れもん》』を読んでみなさい。近代日本文学を代表する名作だ」

さっそく購入したが、その理由は教師が勧めたからというより「檸檬」という字面だった。果物を漢字で記すと、とたんに難読漢字になり、風格ある表記になることに気づいたのだ。たとえば「林檎《りんご》」「蜜柑《みかん》」「葡萄《ぶどう》」などがそれだ。

それに比べるとカタカナ表記はいかにも軽い。「レモン」だったら読まなかったろう。ともかくも読んではみたものの、たった10ページの短編なのに木《こ》っ端微塵《ぱみじん》にうちのめされた。内容がさっぱり理解できなかったのだ。要約するとこうなる。

「えたいの知れない不吉な塊」に悩まされている「私」が京都の二条から寺町を下がってあ

たりをふらついている最中にたまたま八百屋で檸檬の色や形に魅了されてしまう。

「レモンイエロウの絵具をチューブから搾り出して固めたようなあの単純な色も、それからあの丈の詰まった紡錘形《ぼうすいけい》の格好も」

結局、その檸檬を買った主人公はあれこれ悩みながら歩き続けた末に立ち止まったのが「平常あんなに避けていた丸善」だった。

丸善に入った「私」は好きな画集の棚でぱらぱらページをめくっているうちに再び憂鬱《ゆううつ》な気分に襲われてしまう。買ってきた檸檬を画集の上に置いてみると、さきほどの幸福な気分が戻ってきた。「私」は檸檬を爆弾に見立てて外に出ていくアイデアを不意に思いついた。棚の上に檸檬を置いて店を出た「私」は10分後にはあの気詰まりな丸善が大爆発をするだろうと想像しながら京極を下っていった——。


架空のテロリストによる架空の爆弾テロという内容に僕は悶絶《もんぜつ》した。

だからなんなのだ。だからどうしたというのだという感想にもならない腹立たしい感情だけが募り、真剣に考え込んでしまったのだ。「えたいの知れない不吉な塊」にとりつかれたのは僕のほうだった。

従来の小説のスキームを打ち破り、心理描写や研ぎすまされた五感で話を進めていく試みが中学生の僕には読解できなかったのだ。

ワクワクしたり、感涙したりというストーリーで書かれた本しか読んでこなかった僕は『檸檬』によって初めて読書に挫折した。と同時に読解力の稚拙《ちせつ》さを思い知らされた。

ということがあって、その後は心理学や哲学書などを読みふける根暗で偏向した読書青年に成長していくのだが、もう少し僕の話にお付き合いいただきたい。

「檸檬」爆弾テロ

『丸善』は一度閉店したあと、1907（明治40）年に三条通麩屋町《ふやちょう》に再開設されている。梶井基次郎『檸檬』の舞台になったのはこの麩屋町の丸善である。その後、1940（昭和15）年に河原町蛸薬師《たこやくし》に移転し、2005（平成17）年に閉店したのち2015（平成27）年にほぼ同地にリニューアルオープンした。

2005年の閉店時には来店客が本の上に檸檬を置いていくのが静かなブームになった。閉店を惜しむ人たちのささやかなイタズラといわれている。

僕が大学で下宿生活を送っていたのは1970年代後半だが、友人といっしょに「檸檬」爆弾テロを仕掛けたことがある。丸善の裏手にある飲食街、木屋町でしこたま酒を飲んだのち、閉店間際に丸善に入り、あらかじめ買っておいた檸檬で梶井と同じことをやってのけたのである。

むろん、丸善にも梶井基次郎にも恨みはない。梶井のように人生に懊悩せず、酒浸りで脳《のう》下垂体《かすいたい》がスポンジ状態になっている頭がそういう行動をとらせたといっていい。

檸檬が置いてある本棚だったと記憶しているが、檸檬爆弾を仕掛けた場所にはなんと檸檬がすでに置かれていたのであった。

僕は置き換えようかと声を潜めて友人にいった。

「うんにゃ。2つあったほうが威力は2倍になるかもしれへん」

友人は僕よりも前頭葉《ぜんとうよう》のスポンジ化が進んでいたに違いない。ともかくもバカ2人はそっと檸檬爆弾を仕掛けて逃げ去った。三条交差点で事態の行方を見守ったが、むろん、何も起こるはずがない。

「やっぱり生の檸檬では何も起こらんなあ」

「そうか、わかったぞ！　梶井が書きたかったのはそれやったんや！」

処置なしのアホ（僕らです）は妙に感動したものだった、という昔話を丸善京都店の橋本雄史店長にしたところ、

「いまも檸檬を置いていかれるお客様はいますよ。週に一度はありますかねえ」

なんと檸檬爆弾は丸善京都本店の伝統の遊びになっていたのである。

「檸檬が置けるようにカゴも用意した特設コーナーや、『檸檬』だけを並べた書棚もあります」

行ってみると、書棚一面に『檸檬』の文庫本がぎっしり詰まっていて、棚には檸檬を模した食品サンプルも置かれている。

「梶井が『檸檬』を書いてくれたおかげで丸善京都本店はあるようなものです」

橋本店長はしみじみ語ってくれた。

『京都手帖』と『沖縄手帳』

さて、その丸善京都本屋や大垣書店には「赤本」が並んでいる。大学別に過去問題や出題傾向を網羅《もうら》したあの赤本である。お世話になった読者も多いはずである。

ほとんど知られていないが、その赤本は教学社という京都の老舗の出版社が制作している書籍なのである。

現在は374大学、550点もの本を制作している。少子化で売上は減っているかと思いきやさにあらず。女子の進学率が上がっているためで、現在は試験に合格するためのサポート本や食事のレシピなどの受験関連本も扱っている。

これも京都に大学が集中しているからこそ生まれた本で、最初はやはり京都大学の問題集から始まったという。

ほかにも『京都手帖』というご当地手帳もある。今年で19年目を迎える手帳で、本屋のみならず雑貨屋でも販売されている。

京都は年中行事や伝統の祭りが多く、そこらじゅうに神社仏閣がある。それら京都の情報や地図や路線図、食べ物やスイーツなどのショップも掲載されている。どちらかというとメモ帳のほうが付録みたいな体裁で、お土産品としても人気だ。

とにかく情報満載で、これも京都だから編集できる完成度の高い「京都本」といえるのではないか。

さて、その京都手帖に並び称されるのが『沖縄手帳』だ。版元は沖縄手帳社で、創刊されたのは1994年。京都手帳よりも十年以上古い。

沖縄の年中行事はほとんどが旧暦で催行されるので、旧暦が記載されていないと役に立たない。

沖縄手帳は節気《せっき》、干潮満潮の時刻など、農業や漁業従事者に必要な情報はもちろん、沖縄版季節暦、歳時記《さいじき》、年齢早見表、イベントなどが満載されている。

沖縄は年中行事や祭りが365日より多く、マラソンなどのスポーツイベントも増えているので、今後も情報は増殖していくに違いない。つまりは沖縄にしかない必要な情報を縦横無尽に網羅した、手帳を超えた「情報誌」というわけだ。

さて、沖縄の書店といえば素通りできないのが『ジュンク堂那覇店』である。

観光の玄関口、国際通りや平和通り、公設市場に近く、いまや那覇のランドマークといっても過言ではない。

僕も沖縄に出向いたときは必ず立ち寄る書店である。なにしろ、蔵書数が80万冊、沖縄関連の書籍は1万8000冊にものぼる。

沖縄で売れている本は本土と傾向が違っていて、ベストセラーのうち何冊かは沖縄関連書のほか沖縄の版元で編まれた郷土本がランクインする。本土と異なった歴史を歩み、固有の文化と風土をもつ沖縄では継承すべき出来事や物語がわんさとある。それが「本」という形で結実しているのだ。

売れ筋はやはり沖縄の歴史、実用書、料理関係の本。ちなみにガーデニングの本も売れている。沖縄は亜熱帯ゆえ本土と気候が異なるために、土地に合った播種《はしゅ》の時期、手入れの方法も必要になるからである。

ジュンク堂那覇店がランドマークになったのは蔵書数だけではない。

「なんの用事もないけど、とりあえず毎日通ってもらう。待ち合わせはジュンク堂で」

エグゼクティブ・プロデューサーの森本浩平さんがよく口にするポリシーだ。そしてジュンク堂那覇店はまさにそのことを実現させた。

森本さんが中心となって企画・開催する年間のイベント数は150～200回。ほぼ毎日なにがしかの催しが行われていることになる。読書の延長線上や読書の先の体験も案内しているアクティブな書店なのだ。

不肖、ワタクシもトークライブをさせていただいているが、それも影響して読者との距離が近く、町中でもよく声をかけられたりする。

まあ、作家冥利《みようり》に尽きることなのだが、ジュンク堂那覇店では友人に偶然遭遇するケースも多い。僕から声をかけることもあるが、そっと本棚の後ろに姿を隠すこともある。検索機でワタクシが書いた本の在庫数を確認して一喜一憂しているからで、そういうあさましくもさもしい自分の行動を見られるのはやはり気恥ずかしい。

デンジャラスな古書店たち

とまあ、いろいろ述べたが、京都や沖縄の読書人口を押し上げている要因がもうひとつある。

冒頭でも述べた古書店の多さである。実数はわからないが、リアル店舗のほかに京都には「三大古本まつり」がある。春は岡崎の「みやこめっせ」、夏は下鴨神社の「糺《ただす》の森」、秋は「百万遍知恩寺《ひゃくまんべんちおんじ》」で開催される京都名物の祭りのひとつである。

ほかにも大学や寺院が多いという土地柄のせいか、哲学書や思想書、仏教書専門の古書店なども多い。

僕はこの手の祭りや古書店を「デンジャラスマーケット」と呼んでいる。つい散財してしまう希少本が並んでいるからだ。むろん、掘り出し物の価格はそれなりにする。しかしいつ出会えるかわからない……。

となると衝動買いやついで買いに走ってしまう。万札が消えていく瞬間だ。ために、僕の場合、家計のやりくりが破綻し、糊口《ここう》をしのぐ生活に何度も陥った。にもかかわらず、「わかっちゃいるけどやめられない」のが日本一無責任な活字中毒者がたどる転落の道なのだ。

沖縄にもデンジャラスマーケットは存在する。宜野湾市にある『BOOKSじのん』である。

沖縄の読書家なら知らない者はいないといわれる古書店で、奄美・沖縄関係書が約2万5000冊以上、それこそ卒倒するほどの勢いで本棚を埋め尽くしている。

お目当ての本が見当たらない場合でも、書店がネットワークを駆使して探してくれるシステムもこの店の特徴。すなわち、ここにはない本がないということになる。

『BOOKSじのん』は資料を駆使するモノカキにとってはなくてはならない存在で、ワタクシはここでも散財し、粥《かゆ》をすする生活に顛落《たいらく》した。

いいかえれば、ここで紹介した書店はお客さんの滞在時間が総じて長く、ついで買いも多い。ジュンク堂は椅子を設置して客の滞在時間を延ばしたことで知られているが、京都や沖縄は常識を打ち破る試みを講じている書店が多い。

その筆頭が独立系書店の魁《さきがけ》といわれる京都の『恵文社《けいぶんしゃ》』だ。独立系とは店主が独自のセンスと方針で本をセレクトした、大規模店とは一線を画す書店のこと。恵文社では人文系を中心とした書籍のほか、美術書や芸術、漫画、ライフスタイルの提案にも力を入れているようで、雑誌では『暮しの手帖』のバックナンバーが目を引く。

料理本や文具、雑貨、衣料などにもかなりのスペースを割いている。

2010年にはイギリスのガーディアン紙が選ぶ「世界で一番美しい本屋10」にランクインした書店でもある。他府県からも読書家が集まる聖地といっていい。

ダークブラウンで統一された欧風のアンティークな書棚やテーブルとやわらかな光が灯る電球……。その下に、書店員の粋なセンスで選ばれた本や雑貨が並び、ギャラリーも併設されている。

むろん、恵文社も手ぶらでは帰さない超デンジャラスな書店で、先日は本屋さんとは思えないほど混雑していた。世界トップクラスの美しい書店が洛北の一乗寺という小さな町にさりげなく存在しているのが慎《つつ》ましい。いかにも京都らしい風景といえるのではないか。もうひとつの京都観光の素通り厳禁スポットである。

「内向き」で、とりわけ強い「郷土愛」

というわけで、出版王国の京都と沖縄のありようをざっと紹介してきたが、郷土関係の本が驚くほど多いという点を見る限り、京都人と沖縄人の関心は総じて内向きである。地元に対する関心度が高く、汲《く》めども尽きせぬほど地元関連本を扱っている古書店が他府県とは比べものにならないほど多い。

なにしろ、『京都手帖』『沖縄手帳』のある土地柄ですからな。さらにいえば、両地は全国紙よりも地元紙をとっている家が圧倒的に多い。京都は『京都新聞』、沖縄は『琉球新報』『沖縄タイムス』で、文化面もほぼ地元出身の著名人の執筆者で占められている。

ダメ押しで補筆しておくと、京都では「京都・観光文化検定試験」（主催・京都商工会議所）が実施されている。京都に関する知識を認定する試験で、その公式テキストや攻略本はロングセラーになっている。毎年７０００人を超えるという受験者数は年々増加中だ。

かたや沖縄は「沖縄歴史検定」（主催・沖縄歴史教育研究会）を実施。京都検定と同じく、得点に応じて１級、２級、３級に認定される仕組みだ。独自の歴史の歩みや文化の堆積した土地であること、なおかつそれが継承されていないとこのような試みは成立しない。

というわけで、京都人も沖縄人も自分の土地を知るために郷土関係の本で勉強し、腕だめしをしているわけだ。これも「郷土愛」のあらわれのひとつといっていい。

僕もせっかく京都に移り住んだので、ここはひとつ京都検定に挑戦してみようと勉強している最中だ。というわけで、攻略本を渉猟《しょうりょう》するためにあちこちの書店を「散策」するのが日課になっている。

魔

シーサーと
鍾馗さんと
魔物の正体と

週に一度は沖縄へ

本業のモノカキ以外に毎週水曜日は大学の講義を受け持っている。その日の日程を記すとこうなる。

午前5時半起床――→6時半地下鉄烏丸線乗車――→7時半京都駅八条口発リムジンバス乗車――→8時50分伊丹空港発那覇行きJAL2081便搭乗――→12時過ぎ沖縄大学到着、午後4時10分講義終了――。

講義のほかに取材や講演の仕事が入ったりするので、那覇に2泊したり、離島に足を延ばして、3泊したりするケースも多い。

しかし、人生は波乱万丈である。せっかく那覇まで飛ぶというのに講義後も翌日も特にやることがない、という予期せぬ運命のイタズラが不意に訪れたりする。

そこで浮かんだのが頭髪をワックスでびしっと決めたビジネスパーソンが、ハードワークをこなす日帰りコースなのである。

僕はマイルを貯めているので、特定の航空会社しか選べないという制約がある。でも京都・那覇間なら講義が終わる夕刻前でも日帰りが可能であることを発見したのだ。

ただし、バスやモノレールなどに乗り換えるときはダッシュが必要だ。しかも飛行機は最終便になるので、何かのトラブルで出発時刻が遅れると京都行きリムジンバスの最終便に間に合わなくなる。事実、そういうケースを一度くらったことがあった。

そうなると、ハードなビジネスマンは一転して、空閑《くうかん》とした空港のバス停で「どないしてくれんねん!」と怒りと嘆きがまじった声を漏らしながら、ザンバラ髪をかきむしる流浪のオッサンになってしまう。

ふだんは目に入らない「魔除けの代名詞」が目に留まる

というわけなので、スリル満点の帰路になるのだが、そういうときですな。那覇空港行きのバス停までの道を疾走しているときに、旧家の屋根の上に置かれているシーサーを発見するのは……。

屋根の上のシーサーなどというのは20年以上沖縄で暮らした僕にはありふれた風景だ。ふだんなら無視して通り過ぎていたはずなのである。

ところが不思議なもので、時間が迫っているときに限って、いつもなら見過ごしていたシーンに見入ってしまうのである……。

「おお！　おまえ、いつからここにいたんだ？　気づかなかった。スマン、スマン」

スケジュールの番狂わせという、運命のイタズラが運命のミチビキに変わった瞬間である。

そうしてこういう場合に限って、人は往々にしてシーサーに感謝の念を心のなかで唱えるのですな。

「いつもありがとう。おおきに」

なんせシーサーといえば、雨の日も風の日も太陽に焼かれるような暑い日も邪気から家を守ってくれている魔除けの代名詞である。

と同時に、刻限が迫っているというのに、僕の頭の中ではすぐさままた別の思考が激しく渦巻き、しばしその場で京都のある光景を頭の中に浮かべたり、スマホを取り出して写真を撮っていたりするのだ。

「京都人がシーサーを見て鍾馗《しょうき》さんを連想しないのはよほど無神経ではないか。あるいは沖縄人が鍾馗さんを見てシーサーを連想しないというのも同様かもしれない……」

6年前ならそんな考えは浮かんでいなかった。鍾馗さんという存在は京都で暮らして初めて知ったからだ。

京都で睨みをきかす「鍾馗さん」

鍾馗さんとは中国の古代民間信仰に発祥する道教系の神様のこと。本来は「鍾馗」でいいはずだが、京都では名詞に「さん」をつけるのが通例。たとえば、「お豆さん」「お日さん」「おはようさん」「天神さん」といった具合に食べ物やあいさつ、神仏にまで「さん」をつける。御所言葉の丁寧語が一般人にも普及した関係で、鍾馗さんもそう呼ばれるようになったのだろう。

道教というのがややこしいのだが、もともとの中国土着の民間信仰に儒教や老荘思想などが混交したもので、ひと言でいえば、現世利益の塊のような信仰で、宗教とはいえないという専門家もいるぐらいだ。

解脱《げだつ》を目的とした仏教とはまったく異なり、無病息災、招福、商売繁盛を信仰の目的とする。祈祷《きとう》や占い、まじないなどによって信仰の道具はいろいろあるが、鍾馗さんはそのひとつで、大きさは約20～30センチほど。

鍾馗さんは武人なので猛獣のシーサーとはまったく風姿は異なるが、屋根の上にのせられた魔除けとして睨《にら》みをきかせている。

「魔除け」として京都の民家の屋根の上で睨みをきかす鍾馗さん

つまり、風情はシーサーと酷似しているというか同じである。京都の僕の住んでいる家の向かいにも立派な鍾馗さんが屋根に置かれている。その光景を初めて見た瞬間、僕はすぐにシーサーを連想した。「鍾馗さんを見てシーサーを連想しない～」と述べたのはほかでもない。

鍾馗さんとシーサーがなぜ屋根に置かれ、魔除けとして同じようにいまでも睨みをきかせているのかという点なのだ。

しかも、鍾馗さんはいかつい顔で太刀《たち》を持ち、怒り剥きだしで両目をカッと見開いている。その容貌は、誰が見ても「魔除け」以外の何物でもない。

以来、僕はすぐに鍾馗さんについて関心を持ち、その歴史や分布などを調べた。

驚くべきことに、鍾馗さんの信仰が日本に入ったのは奈良時代（710～794年）というのである。

一方の「沖縄といえばシーサー」があたりまえの風景になったのは意外なことに明治22年

以降のこと。それまで禁じられていた瓦葺《ぶ》きの屋根が庶民にも許されてからである。知名度ではいまや沖縄のシーサーが圧倒的に有名だが、歴史をたどると比較にならないぐらい鍾馗さんのほうが古い。

屋根の上のバイオリン弾きはいても、民家の屋根の上に据えられた魔除けは、少なくとも僕はこの2つしか知らない。

奈良から京都へ

などと、思考をめぐらしている間に那覇空港直行バスに遅れてしまい、路線バス経由モノレールに変更する。この代替え手段は猛ダッシュが必要になる。

そうしてこけつまろびつようやく空港に到着し、機内ではいつものA10に着席し、シートベルトを締めるのだが、頭のなかは鍾馗さんとシーサーのことでいっぱいである。

実在した人物ともいわれる鍾馗は唐の玄宗《げんそう》皇帝が大病を患ったときに夢の中に現れ、病をもたらした鬼を退治したとされる。鍾馗が述べ語るところでは、自分は科挙《かきょ》（官吏登用試験）に落ちて自死したという。あまりに容貌魁偉《ようぼうかいい》すぎたのが不合格の理由だったらしい。

玄宗は憐れんで正式な儀礼に則り、鍾馗を葬ったところ、彼は世の魔物を退治すべく志すと言上して消えた。同時に玄宗の病が全快したことから以後、神として祀られ、屋敷の門前に鍾馗の絵を描いたものが流行したという。

鍾馗にとっては容貌魁偉の顔が後世名を残すきっかけとなり、神様まで祀り上げられたのだから、世の中というものは何が禍《わざわい》し、何が幸いするかわからない。

あるいはもっといえば、鍾馗がイケメンで科挙に合格していたとしても、後世、名を残すことはできなかったに違いない。と、同じく容貌魁偉でシーサー面《づら》をしている僕はそう信じて疑わないのである。

先に鍾馗は奈良時代に伝来したと書いたが、興味深いのは奈良の東大寺の境内にある茶屋の屋根に鍾馗が置かれている点である。

仏教の東大寺と中国の道教は教義としては相容れない関係にあるが、時代を振り返れば理解できなくもない。

というのも玄宗が唐の皇帝として在位したのは西暦712〜756年。奈良に朝廷が置かれたのは西暦710〜794年で、玄宗が生きた時代とぴたりと一致する。このことについて国民的歴史作家、司馬遼太郎はさすが見逃していない。

東大寺は遣唐使帰りのいわば溜まり場だった。たとえ仏教にかかわりがなくとも、先進国で流行している魔よけだということで、この道教的なものも持ち帰ったのであろう。

（司馬遼太郎著・『街道をゆく24 奈良散歩』朝日文庫）

その鍾馗が794年の平安京遷都によって奈良から京都に広がり、しだいに定着していったとすればツジツマが合う。

都が置かれた京都はその後1200年も続き、鍾馗さんはやがて「京都のもうひとつの顔」となって魔物の監視・退治の任務を得たということになる。

魔除け都市・沖縄

シーサーにいたってはそれほど説明はいらないだろう。いまやシーサーは屋根だけでなく、門柱、庭、玄関、さらにはお土産の置物やキーホルダー、シーサーの顔をしたスイーツ業界にまで越境している。

沖縄の家に欠かせないシーサー。災難を防ぎ、悪霊を家に招かないための魔除け

発祥は古代オリエントのライオンがルーツとされ、一説にエジプトのスフィンクスとする説もある。

いずれにせよ、歴史は古く、獅子＝ライオンが魔除けになっている地域はヨーロッパから中東、東アジアまでユーラシア大陸全域にわたっている。

中国にはシルクロードを経て伝来し、15世紀以降に琉球へ伝わり、本土に伝来したものは狛犬＝高麗犬とも書くことから、朝鮮半島を経由して入ったと考えられている。

ともかくも本土の神社にある狛犬とシーサーは親戚同士で、琉球には鍾馗さんは伝来したのかどうか、普及はしなかった。

もうひとつ、沖縄には石敢當《いしがんとう》がある。丁字路や三叉路のつきあたりの地面近くに置かれた中国由来の魔除けである。

もとより、琉球は中国と関係が深いので道教的要素が強いこれらのまじないのたぐいが導入されるのも不思議ではないが、最近では世界遺産の斎場《せーふぁー》御嶽《うたき》がパワースポットになるなど、沖縄はさながら魔除け都市になっている。

「ちまき」とは何か

と思っていたところ、京都にも鍾馗さん以外にさまざまな魔除けがあることを、のちに知ることになる。それは民家の玄関の表札や軒先にある。

京都の住宅街を歩くと5軒に1軒は注連縄《しめなわ》にとりつけられた「ちまき」に気づくはずだ。

そもそも注連縄は神道における祭具で、糸の字の象形を成す紙垂《しで》といわれる白い紙を垂らしたもの。よく神社の神木に巻きつけられているが、京都では玄関の上にもごくふつうに掛けられている。

はやい話が神聖な区域とその外を区分する結界だ。これだけでも十分魔除けになっていると思うのだが、京都人はそれだけでは足りぬらしい。

その注連縄に、笹の葉で作られた厄除けの護符をとりつけたものを一年間玄関に飾る。毎年祇園祭のときにだけ、各山鉾のお会所や八坂神社で販売されている。

ちまきに挟まれた紙には「蘇《そ》民《みん》将《しょう》来《らい》子《し》孫《そん》也《なり》」が大書されている。八坂神社の祭神、スサノヲノミコト（牛頭天王《ごずてんのう》）が旅先で一夜の宿を請うたところ、蘇民将来という人物が粟で炊いたご飯で手厚くもてなした故事にちなんだもの。

蘇民将来の親切な振る舞いを尊んだスサノヲノミコトは感謝の印として、疫病流行の際「蘇民将来之子孫也」と記した護符を与え、蘇民は疫病より免れると約束したとされる。

つまり、蘇民将来之子孫也には「私は蘇民将来の子孫です。だから疫病からお護《まも》りください」という意味が込められている。

疫病が猖獗をきわめる都市

ではなぜ、厄除けのなかでも「疫病除け」なのか。

平安時代後期、白河法皇が「賀茂河の水、双六《すごろく》の賽《さい》、山法師、是ぞわが心にかなわぬもの」と嘆いた逸話はよく知られている。

いわゆる「天下三不如意《ふにょい》」で、誰もが服従する権力者であってもいうことをきかぬものという意味である。その筆頭に「賀茂川の水」をあげているところに知られざる京都の歴史がある。

鴨川なくして京都の風景と風情は語れぬように、あの穏やかな流れは京都のシンボルといっていい。いまや市民の憩いの場所であり、若者たちのデートスポットでもあるが、かつては毎年のように洪水を繰り返した「暴れ川」だった。要するに白河法皇でさえ鴨川は思い通りにはならなかったのだ。

鴨川は氾濫のたびに数え切れない人々の命と生活の場を奪った。それゆえ、歴代の為政者はこの暴れ川の治水に腐心した。

しかも、川の氾濫や洪水は高温多雨の梅雨や台風の季節に発生する。当時は命を落とした人たちの遺体や牛馬の死体がそのまま放置され、そのために洛中はたちまち疫病の発生源となった。

それだけではない。人が集まる都では初夏になると食中毒が頻発し、冬はインフルエンザが流行する。コロナ禍のときの「三密」と同じケースだ。

つまり、日本の都として栄華を誇った京都は、疫病が猖獗《しょうけつ》をきわめる都市でもあったのだ。医学のない当時、疫病をもたらすのは神の祟りや怨霊の仕業とされた。そのため、神や怨霊を鎮めるための儀式や祭りが頻繁に開催された。

さて、京都の夏を彩るあの祇園祭は疫病退散が目的だったといったらあんたどうする？

しつこいようだが、京都は疫病や洪水が頻発し、その影響で原因不明の「病」が蔓延する都市であった。

そこで、前述したスサノヲノミコト（牛頭天王）の力を借りて、疫病をもたらす神を鎮めるための儀式を催した。これが祇園祭の発祥である。

ついでながら、毎年6月30日に京都の神社では「夏越祓《なごしのはらえ》」という行事が催される。大きな茅《ち》の輪を作り、そこをくぐって厄払いをする風習だが、これは半年の間に身に溜まった穢《けが》れを払い落とし、残り半年の息災を祈願する催しである。茅の輪は疫病除けの呪力《じゅりょく》を秘めていると考えられ、貴船《きふね》神社では茅の輪が販売された。茅の輪は玄関に掛けておくのがならいで、これも町中でよく見かける光景だ。

元旦に安息を祈願し、祇園祭にも祈り、半年ごとの疫病封じも欠かさない京都人は、それほど疫病をおそれたのだ。他方、時代が下っても治水対策は何度も講じられた。とはいえ、自然の驚異にさからえるものではない。

近代に入っても洪水は絶えず、ついに、ここ100年間で最大級の洪水が1935（昭和10）年に発生した。

鴨川に架かっていた30を超える橋や137棟の家屋が流されるほどの被害が出てしまった

のだ。治水計画は現在も続いているが、このときの体験を契機にしたといわれる。

京都市民にとってこの洪水はいまだ可視的な過去で、それゆえ洪水と疫病はセットである。蘇民将来子孫也のちまきに代表されるように、「疫病退散」を願う行事や風習がいまもしっかり受け継がれているのはそれがためといっても過言ではない。

「魔物」の正体

ここまで書くと沖縄や京都がなぜ魔除け都市になったのかおわかりだろう。そして「魔物」の正体も見えてきただろう。

「やはり百鬼夜行の妖怪ですかい?」と思った人はたいへん問題ある人生を過ごしているので読み直していただくことをおすすめする。

いま述べたように京都人は鴨川の水害とそれにともなう疫病や伝染病を極端におそれた。ゆえに京都人にとっての「魔」は疫病であったことは想像に難くない。

一方の沖縄の場合は誰もが思いつくように「魔」は台風だったろう。しかし、人々が恐怖したのはそれだけではない。沖縄は高温多湿の気候のために風土病も多く、マラリア、フィラリア、デング熱が流行した。

とりわけ、16世紀にオランダ船によってもたらされたとされるマラリアは死病といわれ、湿地帯の多い石垣島や西表《いりおもて》島では何度も廃村を繰り返している。こうした風土病も「魔」になったことは間違いない。

村獅子の役割

京都人や沖縄人にとって、病魔はむろん恐ろしい「魔」だったに違いない。だが、それだけだろうか。

リムジンバスに乗り遅れた僕は阪急電車に乗って、その「魔」の正体を考えている。

沖縄に手がかりになる事例がある。王朝時代のシーサーは王家の墓陵や士族の墓などに置かれた。やがて民間に普及すると、集落の入口に守護神として設置されるようになった。

つまり、屋根の上のシーサーはあくまで現代の風景なのである。かつては本土の狛犬ほどの大きさがあり、村の入口や小高い丘に設置され、「村獅子」「村落獅子」と呼ばれていた。最古の村獅子は1689年に現在の八重瀬町の東風平間切《こちんだまぎり》の富盛《ともり》に作られたものとされる。

その頃、村では火災が頻発し、原因は八重瀬岳だと風水師に告げられたため、山のある南西に向けて村獅子を設置。その面目躍如たる働きがあったというべきか、以降、村では火事がぴたりと収まったといわれる。

要するにシーサーの元祖たる村獅子の厄除けの役割は「火除け」だったのだ。高台に置かれたのもおそらくは火の見櫓《やぐら》の役目もあったのだろう。

2019年に発生した首里城火災はいまだ記憶に新しい。強風下、夜空にまぶしいほどにたちまち燃え広がったあの光景は、生涯忘れることができないほど脳裏に刻まれた。

沖縄は昼夜、海風が吹いている。海岸近くでは体がよろけるほどの烈風が吹くことも少なくない。そんな場所でいったん火災が発生すれば集落はあっという間に猛火に包まれただろう。

戦後、台風対策のため鉄筋コンクリート製の家に一変した沖縄は延焼しにくい町並みに変貌したが、1950年代初頭は火災の多い土地だった。一年間あたりの火災発生件数が日本一多かった年もあるほどだ。

消失した多くは原野やサトウキビ畑だったが、火の後始末が原因だったという。島嶼《とうしょ》群の沖縄は、海岸近くになると体感温度が下がるほどの風に吹かれる日も少なくない。

あの首里城火災のときも、「現場は風が強く延焼がおさまらない」という生々しい実況中継があった。首里城は今回を含め5度も失火や戦乱で焼失している。高台にあるだけに、風が強く影響したことだろう。

京都を焼き尽くした「天明の大火」

建物が紙と木でできた京都はかつて「大火」と呼ばれる火災が何度も起きている。

とりわけ、1788年に発生した「天明の大火」は東からの強風に煽られ、燃えさかる火が鴨川の西側を超え、南北にも広がり、現在の京都の市街地のほとんどが焼け野原となったという。御所や二条城、東西の本願寺も焼失したというが、現代の感覚ではちょっと想像がつかない。

京都人がいまでも口にする「どんどん焼け」は幕末の禁門の変（1864年）にともなって、長州藩邸（現在のホテルオークラ）と堺町御門付近から出火した火災で、現在の中京区や下京区が焼失し、東本願寺、六角堂、本能寺なども焼け落ちている。

つまりは京都の風情ある古い町並みの家も、実は禁門の変のあとに建てられたもので、1

60年ほど前でしかない。それゆえ、どんどん焼けの記憶はいまも京都人の間に広く継承されているのである。

この史実を知ってから京都人や沖縄人にとっての「魔」というのは複合的なものではないかと思うようになった。自然災害の二次被害である「疫病」と人為災害である「火災」である。

あとで調べたところ、鍾馗さんはそもそも火除けの神様であることを知った。つまり、沖縄の村獅子と同じ役割を担っていたのだ。

その両者が同じく屋根の上で鎮座しているというのははたして偶然なのか。

「偶然に決まっている」といわれたら返す言葉がないのだが、火災が起こりやすい土地で、シーサーと鍾馗さんが屋根の上から周辺に目を配り、火事の元に目を光らせていると考えれば、彼らの存在感もむくむくと膨らんでくる。

「赤いバケツ」の意味

京都の街を歩いていると、民家の前や路地の入口に「赤いバケツ」が置かれている。町内会の当番制で設置するのだが、我が家にもそのバケツが回ってきたことがある。

むろん、消火用なのだが、正直、この程度の水で消火などできるはずがないのではと思った。しかし、僕の考えは根本から間違っていた。

赤いバケツを設置するようになったのは70年ほど前だそうである。路地で町ができあがっているといわれる京都は消防車が入れない細い道もあり、消火活動は困難をきわめる。京都人は自主防火活動に力を入れ、初期消火用のバケツを設置したという。それが各町内会に広がった。つまり、火災を起こさない、ボヤを起こさない、ボヤのうちに食い止める、その意味がこの赤いバケツに込められているのだ。

かつて京都市では一年間に７００件以上（１９５５年）の火災が発生したことがあるという。バケツが民家や路地の入口に設置されたのはそれが理由なのだという。

バケツ程度の水であっても、近所の人が何人も駆けつけてリレーすればボヤは防ぐことができる。消防車が到着する前にやれることはやる。これが市民に染みついた防災意識なのである。

それは数字にもあらわれている。令和4年の人口1万人当たりの出火件数1・4件。実のところ、ここ数年、京都市は火災件数の全国最少記録を更新しているのだ。最も火災に遭いやすい土地が最も火災の少ない土地になったのだ。

それもそのはずで、京都では古来続く高い自治意識のもと、かつての火災を教訓にして、京都市内200以上のすべての学区で自主防災会が結成されている。そこには学生の町らしく、大学生も参加し、女性も500名以上が活動しているという。

あちこちで見かける赤いバケツ

それだけではない。京都は世界に誇る重要文化財や国宝を抱えている土地である。観光資源でもある文化財を火災から守るため、文化財防火運動や文化財市民レスキュー体制、文化財防災マイスターの養成、火災時における文化財の早期搬出訓練など、さまざまな取り組みを実施しているのである。

このことを知ったのは行きつけのお好み焼

き屋で知り合った大学院生だった。彼は消防団に参加していて、その縁で僕は京都の防災意識というものを知ったのだった。よそさんには見えないもうひとつの「京都の凄み」を痛感した瞬間であった。

＊　＊　＊

沖縄は米軍の実弾演習に帰因する山火事があとをたたないので、他府県と一概にくらべることはできないが、残念ながらまだまだ火災発生率が低い島とはいえない。

この点は行政任せになっているようにみえる。それゆえ、京都市民のように、「自分の町は自分で守る」という意識も必要ではないか。そもそもゆいまーる精神（相互扶助）のある島である。京都に学べば不可能ではなかろう。

などと考えているうちに、よろめく足でやっと京都駅に到着した。朝から何も食べていないので腹がへっている。足は深夜営業のお好み焼き屋、『古都味《ことみ》』に向かっている。この店は消防団のメンバーもよく利用している。

シーサーの島から鍾馗さんの土地に戻ってきた僕としては、京都名物の「べた焼き」をあてに、ビールでも飲みながら、彼らと「魔物」の正体について話をしたくなった。今夜、会えるかどうかわからないが、歩いているうちに鍾馗さんが鎮座する町家があった。

「頑張ってはるなあ。いつもおおきに」

１２００年間も京都を見守り続けた鍾馗さんにお礼をつぶやきながら通過する。

と同時にソースの焦げる香ばしい香りが漂ってきた。長い一日の疲れを溶かしてくれるお好み焼き屋はすぐそこに見えている。

戦

空襲と
京都の塔と
原爆と

B29が投下した焼夷弾

京都の東大路《ひがしおおじ》に馬町《うままち》というバス停がある。清水寺にも三十三間堂にも徒歩で行けるほどの距離だが、もし、あと1キロ北東にずれていたら清水寺や高台寺が、あるいは南西に80メートルずれていたら三十三間堂も確実に焼失していたに違いない。

何がずれていたらというと焼夷弾《しょういだん》である。焼夷弾とは原油や重油を原料にした発火性の爆弾のこと。昭和20年1月16日午後11時23分頃、従来よりも焼滅能力の高い小型の焼夷弾を収束させた爆弾が米軍のB29によって、東山区馬町に投下された。

焼夷弾は空中でさらにわかれて地上に火の雨のごとく降り注ぐ。馬町はたちまち猛火によって焼き尽くされて灰燼《かいじん》に帰した。死者数は41名となっているが、出所によってまちまちで、重軽傷者など詳しい人数ははっきりしない。

『かくされた空襲と原爆（語りつぐ京都の戦争シリーズ 3）』（小林啓治・鈴木哲也著・高橋伸一監修・つむぎ出版）にはその理由が明記されている。

日記や警察記録以外には、その当時に書かれた資料はほとんど残っていません。これは、後でも述べるように、警察や軍などによって厳しい情報統制がしかれたためと思います。

京都の戦争被害

題名にもあるように、隠されたこの空襲によって、太平洋戦争における京都の戦争被害は隠蔽《いんぺい》され、それどころか誤った「常識」がいまだに定着・流布《るふ》され続けている。「京都は空襲がなかった」「京都や奈良は文化財があったので空襲から免れた」というのがそれだ。

地元の人であっても「京都は戦災がなかった」という言葉が平気で使われているから、これほどアカデミックな都市ですら京都の戦争は語り継がれなかったに違いない。

「わしらの世代でも京都には戦禍がなかったと信じ込んでる人間がおるからなあ。よほど報道規制がしかれてたんとちゃうか」

とは別の章で紹介した飲み友達の佐藤さんの言葉である。佐藤さんは昭和19年生まれで、太平洋戦争当時のことは覚えていないが、戦後、母親から聞いて知ったそうである。

その報道規制を裏付ける出来事が先の『かくされた空襲と原爆』に記載されている。

この他、京都市内に分駐していた陸軍の京都警備隊の兵士も、現場に駆けつけました。しかし、兵士たちは、現場を背にして銃を構えて立つように命じられたといいます。つまり、負傷者の救援をするのでなく、治安維持のため、人々が混乱するのを抑えるための出動だったわけです。

なんと治安維持のために民衆に銃を向けたのだ。ここで想起されるのは沖縄戦における日本軍による住民虐殺である。それらの凄惨な事件によって、「軍隊は住民を守らない。軍隊は軍隊だけを守る」という哲理が証明されたが、京都でも軍隊は住民より、軍隊の事情、すなわち「京都空襲」の隠蔽工作に奔走したのである。

真実を隠し続けた軍部

では、地元紙の京都新聞はどのように報道したのか。

「京都も戦場なり」という見出しが出たようだが、1月18日付の新聞には、「一昨夜半、B29一機京都市に侵入、投弾」と空襲があった事実は書いてはいるものの、被害については軽く「軽微」とされている。空襲にあった地域も「京都市の一部」としか報道されなかった。

それまで空襲のなかった京都に40名もの死者が出て、300戸を超える家屋が焼失しているにもかかわらず「軽微」というのは、非常識すぎると思えるが、その理由も前述の本に推論されている。

頭部や足の遺体の損傷があまりに激しいので、軍部が死者に布団をかぶせたり、履き物をはかせたりして、いかにも「軽微」な被害であることを装ったというのだ。また、家を失って茫然自失になっている罹災者をいち早く収容所に入れることを優先させた。そして、死傷者の捜索は翌日の午後に終了させ、迅速に現場を撤退している。したがって、馬町の被害の実態はわからないまま、瓦礫《がれき》の山だけが残された。

このため、京都では馬町の空襲被害を知らないまま敗戦を迎えた人たちがいた。これが「京都や奈良は文化財があったので空襲から免れた」という神話をつくる要因となった。

当時の報道機関は軍部の統制下にあり、たとえどんな正義感のある記者であっても事実が書けない状態にあった。京都新聞も苦しい立場に立たされていたことが容易に想像できる。

しかも軍部は「京都も空襲された」ことが国民に知られることを極端におそれたはずだ。なにしろ京都は「皇国の象徴の地」だ。東京の皇居が空襲されたのと同等の意味がある。これが知れわたると国民の戦意喪失につながりかねない。しかも、時は昭和20年。国民はすでに戦局が悪化していることを知っている。

だからこそ、軍部はなんとしても京都の空襲実態を隠す必要があったのだ。さらに警備本部は姑息な手段に打って出ている。自らビラをつくって住民に配っていたのだ。いわく、「デマをとばすな」「流言《りゆうげん》は敵の謀略だ」「口を慎み敢闘《かんとう》せよ」「被爆地の写真撮影を禁ず」などである。

デマをとばした軍部が真実を隠し通し、民衆がデマをさらに拡散し、かなりの効果をあげたことも、「米軍は文化財があったので京都を爆撃しなかった」という例の神話を補強した。京都市民はゆめゆめこの出来事を忘れてはなるまい。

確かに軍部はデマを流した。しかし、そのデマの偽装工作に協力した市民も真実を隠す役割を果たしていたのである。

その後、4月16日には右京区の太秦《うずまさ》が爆撃された。太秦には三菱重工があった。軍需工場を破壊するのが米軍の目的だったのだろう。続く6月26日には西陣に爆弾が投下されている。

京都人でさえこのことを知る人は少ない。

軍部の隠蔽工作、偽装工作が功を奏し、「京都は空襲がなかった」という神話はいつしか伝説にもならずに雲散霧消《うさんむしょう》し、それにかわって「米軍は文化財保護のため京都を守ってくれた」という米軍美談を語る人までいる始末だ。

日本軍は京都の焼き物も利用した

このことを同質性といっていいのかどうか、困ったことに、沖縄にも「米軍が沖縄県民の戦後生活を救ってくれた」と語る人が一部にいまだにいるのだ。

沖縄は誰がどうみても日本と米国に植民地扱いされ、いまもって米兵によるレイプ事件や家屋侵入事件が続いている。にもかかわらず、日米地位協定が改定される機運はまったくない。「米軍が県民の生活を救ってくれた」とはどういう感情がいわせるのか、僕にはいまもって理解できないままでいる。

ともかくも、その米国は沖縄も京都も救ったり守ったりするつもりはハナからなかった。これについては後述する。

それとは別に、日本軍は京都の焼き物も兵器に利用しようとしたことが『東京育ちの京都案内』（麻生圭子著・文春文庫）に紹介されているので要約する。

それによると、戦時中は清水焼《きよみずやき》の登り窯も軍需工場にされた。鉄不足のため、日本の手《しゅ》榴弾《りゅうだん》は陶製だったというのだ。敗戦になり、納品することなく終わったらしいが、錆《さ》びた鉄のような色合いの実物がまだ残っていて、手にすると意外なほど重かったそうだ。しかしものは陶器である。「これは負けるな」と職人は思ったという。

はからずも焼き物の手榴弾の外郭を作ったことから、清水焼の職人は日本の敗戦を感知していたわけだ。米国は有り余る国力と物量作戦で欧州まで戦線を拡大しているのに、物資不足で清水焼まで武器にしようとした日本軍のおそまつさに思わず苦笑してしまった。

笑ってすまされることではないが、そんな国に奉仕させられ、なおかつ「進め一億火の玉だ！」というスローガンのもと、軍部に協力した日本国民も哀れすぎる。戦争は狂気だということはこの逸話ひとつとってもわかろうというものだ。

死の罠——血の海となった地

6月26日の西陣空襲はその年4月に始まった沖縄の地上戦が組織的戦闘を終えた日から3日後のことである。本土決戦の時間稼ぎに利用された沖縄戦の結果はいうまでもない。

民間人を巻き添えにした地上戦が展開されたため、住民の犠牲者は10万人以上。マラリアや餓死などを含めると死者は15万人にのぼった。

一方の軍人の死者は9万4000人余で、住民の犠牲者のほうがはるかに多い。沖縄戦の経過についてはさまざまな媒体で紹介されているので詳述は省く。ただし、京都との関わりでは避けて通ることのできない「いまも語られない戦史」が存在するので、ここではその点を中心に述べていく。

1945年4月1日、米軍は沖縄本島中部の西海岸の読谷《よみたん》、嘉手納《かでな》、北谷《ちゃたん》方面に上陸した。日本軍は水際での戦闘を避け、米軍を無血上陸させて持久戦にもちこんだ。本土決戦の時間稼ぎをするためである。

ところが、圧倒的な物量でもって進撃する米軍をとどめることはできなかった。米軍は上陸した翌日には東海岸に達して南北を分断し、4月20日には沖縄本島の北部を占領している。

一方の中南部戦線では日本軍が総力で反攻に転じた。激戦地となったのが、浦添《うらそえ》市の前田高地と宜野湾市にある嘉数《かかず》高地である。前田高地の戦いについては2016年（日本は2017年）に公開された米映画『ハクソー・リッジ』でも詳しく描かれているので、そちらを参照されたい。

それに先立って嘉数高地の戦闘は4月8日から始まっている。嘉数高地は標高90メートル前後の丘である。ニュース番組などでオスプレイが駐機されている基地が映し出される場所といったほうがわかりやすいかもしれない。そう、眼下は奇しくも現在の辺野古新基地問題の発端となった普天間《ふてんま》基地なのだ。

嘉数高地は米軍の初戦になった戦闘で、結果的にピクニック気分で上陸した彼らをして、「死の罠」「忌々《いまいま》しい丘」といわせた場所にもなった。

米軍は嘉数高地の攻略を安易に考えていて、たった1日で制圧する予定だった。ところが日本の沖縄守備軍第62師団は周囲の地形を徹底的に研究し、米軍を迎え撃った。谷、斜面、洞窟陣地など地形を利用した攻撃に加えて自爆攻撃まで展開し、米軍を恐怖に落としいれた。結局、一進一退の膠着《こうちゃく》状態が続き、米軍は3時間腹ばいに前進しても450メートルしか進むことができず、戦闘は16日間に及んだ。

日米両軍や住民ともに多くの犠牲者の出た嘉数一帯は血の海となった。結果的に、沖縄戦最大級の激戦地として知られる嘉数高地の戦闘は、米軍側の記録においても沖縄戦最大の危機となったと記されている。

これほどまでの激戦になった理由は米軍がこの地を首里攻略の最重要地点と定めたこと、日本軍にとっても司令部がおかれた首里の絶対防衛ラインになったからである。

「いまも語られない戦史」

先に「いまも語られない戦史」と書いたのは、ここに配属された主力部隊が京都出身者だったからである。沖縄戦における死亡者では京都府が8番目に多い。

糸満《いとまん》市の平和祈念公園には都道府県別に全戦没者を刻銘した「平和の礎《いしじ》」がある。それによると京都府出身者の全戦没者は2546名。そのうち嘉数高地の戦死者は2536名である（一説に戦没者は2467名。首里陥落前に53％が戦死との資料も）。

驚くべきことに京都府出身者はこの丘でほぼ壊滅していたのである。加えて、嘉数地域住民343名が犠牲になり、朝鮮半島出身者も336名の戦没者を出している。

この「史実」からいっても「京都は戦争被害がなかった」というのはデマである。戦争はその土地だけで起こっているのではない。召集令状一枚で、遠く離れた戦地に送られたことも戦争による被害ではないのか。ましてや、沖縄戦の初戦の嘉数の戦いで多大の犠牲者を出している京都府出身者は戦争被害者そのものではないのか。

沖縄戦には全国から兵士が招集されたので、沖縄をのぞく、46都道府県別に慰霊塔や碑が建立されている。そのほとんどは首里から南部に撤退した第32軍司令部が自決した糸満市摩《ま》文《ぶ》仁《に》周辺に建立され、碑文は「英霊」を称える文言だけで綴られている。

しかし「京都の塔」だけは摩文仁から20キロも離れた嘉数台公園の山頂部にある。このことがいまもって多く語られず、多くの京都人も沖縄人もこの史実を知らないまま戦後80年間を過ごしてきた。

京都の塔の碑文を全文、ここに紹介する。

> 昭和20年春沖縄島の戦いに際して、京都府下出身の将兵２５３０有余の人びとが遠く郷土に想いをはせ、ひたすら祖国の興隆を念じつつ、ついに砲煙弾雨の中に倒れた。また多くの沖縄住民も運命を倶にされたことは誠に哀惜に絶へない。とくにこの高台附近

は主戦場の一部としてその戦闘は最も激烈をきわめた。
星霜19年を経て今この悲しみの地にそれらの人びとの御冥福を祈るため、京都府市民によって「京都の塔」が建立されるにいたった。
再び戦争の悲しみが繰りかえされることのないよう、また併せて沖縄と京都とを結ぶ文化と友好の絆がますますかためられるようこの塔に切なる願いをよせるものである。
昭和39年4月29日

京都の塔が特徴的なのは、沖縄戦では軍人よりも住民の犠牲者が多かったにもかかわらず、住民被害を悼《いた》む碑は京都の碑を含め2基しかないことだ。また文面においても英霊、玉砕、御霊などの軍国主義寄りの語句はない。

しかも京都の塔のそばには、沖縄戦で亡くなった嘉数地区の住民を悼むように「嘉数の塔」が並び、日本軍に徴兵された朝鮮半島出身者を追悼する「青丘之塔《せいきゆうのとう》」も建立されている。

リベラリズムの気風に纏《まと》われた京都らしい慰霊の塔といっていい。

碑文の裏には「守るべきは平和であり、反戦であり、国民を中産階級にすること」を信念にした保守政治家の野中広務《ひろむ》氏や、革新政治家で京都府知事を務めた蜷川虎三《にながわとらぞう》氏の名前も見える。京都の塔は保革を超えた超党派による平和主義者が建てた塔でもあったのだ。

原爆投下の候補地

その京都が原爆投下の候補地であったことも知られていない。この史実も「文化財保護のために米軍が配慮してくれたから」という全国に広がった神話によってかき消されてしまい、ほとんどの国民が知らぬ存ぜぬのまま現在にいたっている。

京都も空襲被害にあったことはすでにふれているが、大都市のわりに少なかったことは事実である。実のところ、原爆の候補地であったことが大空襲を免れた理由になった。

日本に原爆を使用することは１９４４年９月の米大統領のルーズベルトと英首相のチャーチルの会談で決定していたのである。不覚にも僕も知らなかったが、内容は原爆の平和利用となっているものの次のような覚書もあった。

「原爆が完成した際には、熟慮のうえ、日本人に対して使用し、その爆撃は降伏するまで繰り返すと警告する」

いわゆるハイドパーク合意である。日本の敗戦は連合国側にはすでに想定ずみで、どの時点で使うかということが計画されていたのである。その目的も戦争終結を早めるためではなく、原爆完成後に日本に投下し、その破壊力を知るためだった。

大本営が本土決戦という、ばかげた「妄想」を煽っているときに、連合国の主軸である米国は戦後の秩序やパワーバランスの主導権を握るために原爆投下を考えており、それは絶好の実験材料になるはずだった。事実、広島型、長崎型というように異なったタイプの原爆を使用したことからもわかるように、原爆は「実験」を目的としていたことが立証されている。

その経緯や候補地については吉田守男氏の『原爆は京都に落ちるはずだった』(パンダ・パブリッシング)や『日本の古都はなぜ空襲を免れたか』(朝日文庫)などに詳述されているのでぜひ一読されたい。

要点をまとめると、京都市は人口が約87万人で密集している、盆地で爆風の威力を発揮しやすい、皇室の拠り所であることや浄土宗、浄土真宗、臨済宗各派の本山が集中するため心理的効果が狙える、大学が多いので原爆と通常兵器の違いを理解できる研究者が多いことなどが理由になろうか。

しかも、原爆の破壊力を知るためには、空襲による焼夷弾や通常兵器などによって、その都市が破壊されていない、もしくは破壊箇所が少ない場所であることが第一の条件になった。

候補地としてあげられたのは広島、新潟、小倉、横浜、京都だった。つまり、京都は原爆の威力を測定するのに最適な都市と考えられたため、通常の空襲や爆撃が控えられたのであった。

『本当は怖い京都の話』（倉松知《ち》さと著・彩図社）には投下の予定地も記載されている。

> 原爆投下の際、当時の米軍は、少しでも精度を上げるために、最終的には目で確認して爆弾を投下していたという。その際、この扇形車庫が東海道本線と山陰本線の分岐点にあって空から見付け易く、転車台も絶好の目標物だったのだ。

その転車台とは、ＪＲ京都駅から西１・５キロの場所で、現在の京都鉄道博物館のなかにある蒸気機関車が方向転換するときに使用するターンテーブルのことである。

米国は京都に原爆を落とすかどうか迷ったという。京都が日本人のアイデンティティの聖地であることから、かえって反米意識が高まり、ソ連寄りになることを考慮したのだという。しかし、米国は京都を候補地からはずさなかった。

ただし、降伏が遅れていたらどうなっていたか。オーバーツーリズムに悩む今と違って、当時の京都はその魅力がそれほど知られていなかった。軍隊はいざ戦争になったら文化財など歯牙《しが》にもかけない。

語り継がれない理由

自宅からいちばん近い焼き鳥屋の『兆治』で原爆のことを考えている。ご主人は長崎出身で、これまでも原爆のことを何度か聞こうとした。だが、そのたびに僕は遠慮した。お二人は戦後生まれなので原爆は体験していない。でも、もしかすると、縁戚者に被爆者や被爆二世の方がおられるかもしれない。

そう思うと、聞くのが憚《はばか》られるのだ。僕の知人には広島出身の被爆二世がいて、それが理由で広島平和記念資料館や長崎原爆資料館には数度出かけている。

被爆者の凄惨で悲惨な体験については人より学んだつもりだが、それゆえ、写真で見たあの情景が思い出されて口をつぐんでしまうのだ。

僕の母は沖縄戦の体験者であるが、戦争のことは話さない。ただ、一度だけ打ち明けたことがある。

当時13歳だった彼女は、背中におぶっていた幼い弟と壕に逃げ込んだときにガス弾を打たれて気を失い、目が覚めたときに弟は亡くなっていたという。それがガスによる死なのか、仰向けで弟を圧迫させて死亡させてしまったのか、いまもわからないままでいる。

そのことを知ったのは、僕が50歳をこえてからだ。母はずっと胸にしまい込んでいたのである。「あのとき自分も死んでいたらよかった」と母が漏らしたことは生涯忘れられないに違いない。

やはり戦争体験を聞くのも知るのもつらい。翻《ひるがえ》っていうようだが、語るのがつらいからこそ、京都の空襲被害も、全滅に近い嘉数の戦いも、京都が原爆の候補地であったことも語り継がれないのかもしれない。沖縄も戦争体験者が80歳をこえていて、あと10年もすれば話をじかに聞くのがきわめて難しくなる。

いましかないと思いはするのだが、母でさえあれから聞けないままでいるのに、僕には戦争体験者と向き合う勇気がない。いつものカウンターでいつもの席で冷酒をちびりちびりやりながら、原爆とはまったく関係ない話題で主人と対話している。

たぶん今夜も何も聞けないまま杯を重ねていくのだろう。きな臭い世の中になっている。「新しい戦前になるんじゃないでしょうか」といい切った芸能人の言葉も話題になった。僕も同じことを考えている。

酔った頭のなかで、せめて嘉数台公園の「京都の塔」を媒介にして沖縄と京都が交流できないものかと考えている。どちらも修学旅行の中心地である。せめて京都の若い人たちには現場となった戦地で京都の碑文を読んでもらいたい。そして沖縄の若者も京都が原爆の候補地になっていたことを知ってほしい。

くどいようだが、京都の塔の碑文を繰り返したい。

再び戦争の悲しみが繰りかえされることのないよう、また併せて沖縄と京都とを結ぶ文化と友好の絆がますますかためられるようこの塔に切なる願いをよせるものである。

絆

念仏踊と
エイサーと
三条大橋と

カルチャーショック

北大路新町《しんまち》にある『伊《い》セ藤《とう》』という小料理屋で舌鼓をうっている。「京都のだしを知りたければ伊セ藤で食べればよい」とは僕の持論で、春の「フキの煮浸し」、夏の「野菜の冷たい炊き合わせ」、秋や冬の「小芋煮」「かぶら蒸し」などはだしを食べにいっているようなものだ。

だしとは具材の持ち味を生かすための、もうひとつの調味料なのだということが実感できるはずだ。ワタクシなんぞは体調のよくないときはいつもこの店のだしで点滴を打って再起を図っている。伊セ藤のだし依存症というのがあればきっとそれだ。

ところで、この店のカウンターに座ると、器の並んだ棚の隅に黒猫の「招き猫」が置かれている。「めずらしいなあ」と思ったのはほかでもない。僕は過去、招き猫といえば「白」しか見たことがなかったのである。読者諸氏におかれてもそうではないか。

これが招き猫におけるカルチャーショックその①だったが、その夜ハシゴ酒で新町通り上《あが》ルのおでん屋さんに入ったところ、その招き猫も黒猫ということに気づいた。これがカルチャーショックその②である。

その後は気になってどの店に入っても招き猫を探すようになった。すると京都の飲食店では黒猫が多いことを知り、これがカルチャーショックその③になった。となると出所が気になってくる。聞けば、どの店の主人も女将も口をそろえて「だんのうさん」とのたまうではないか。カルチャーショックその④である。

うかつにも、僕はそれまでの人生で招き猫がどこで売られているのかなど考えたことがなかった。だいいち、招き猫など買ったことがないし、今後の人生においてもそれを家の食器棚に飾ることなどないはずだ。

しかし、いざ招き猫を買う必要に迫られたらどうする？　どこに行けばいいのかという疑問もあった。ニトリや東急ハンズにはありそうでなさそうだし、あるとすれば陶器製だから商店街にある荒物屋とか瀬戸物屋で販売されていると単純に考えていたのである。

したがって、「だんのうさん」もそのたぐいの店で、京都は「へんこ」（頑固な人者）な人が多いので、縁起担ぎかなにかで、その店以外では買わないのだろうと思い込んでいるうちに、このポンコツ頭は招き猫のことをすっかり忘れてしまっていた。

「黒猫」の正体

それから半年後の夏のある日、僕は篠田屋へ「皿盛」を食べに出かけた。別の章で紹介した「京都風あんかけカツカレー」である。夏はカレーに限りますからな、やっぱし。いつもの京の味を堪能した僕は腹ごなしにそのへんをぶらぶらしようと歩き出した。と、そのとたん、足が止まった。

大きな石柱に「浄土宗だん王」と刻まれている。篠田屋の真横は寺院だったのだ。寺のわりには山門が小さすぎて、篠田屋にくっつくように隣接していたので気づかなかったのだ。

「だんおう?」とかなんとかつぶやきながら、迷うことなく路地のような参道を分け入った。歳を重ねたせいか、神社仏閣といった抹香《まっこう》くさい場所が性に合うようになり、寺院めぐりはいまではすっかり僕の趣味になっている。

奥に立派な楼門《ろうもん》と本堂、庫裏《くり》があった。三条通り東詰のたもとにあるこの寺院は東海道と中山道《なかせんどう》の始発点であり終着地にあたる。現在のようにビルや店が立て込んでいなかった江戸期はたいそう賑わったに違いない。

京を離れる人はこの寺で旅の無事を祈願して手を合わせただろうし、京に入った人は旅を無事に終えたことに感謝して合掌したことだろう。その意味でも重要な場所に位置したこの寺の案内板を見たときに、ここが檀王法林寺《だんのうほうりんじ》（京都市左京区）であることを知った。

「なるほど、〈だんのぅほぅりんじ〉と呼ぶのか」と胸の内でつぶやきながらもポンコツ頭はまだ肝心なことに気づいていなかった。

本堂に入って手を合わせた僕は積まれていたリーフレットをめくった。

「当山では、古くから猫は主夜神様のお使いであるとされていたため、江戸の中頃より、主夜神尊の銘を刻んだ招福猫が作られ、民衆に受け入れられていたことが伝わっています。この猫は、右手を挙げ、黒色をまとった珍しいお姿で、この『右手招き猫』は他が模作することを禁じられるほどの信仰を集めていました。寺社関連の招き猫としては最古のものとする説があります」

とあり、黒い招き猫の写真が掲載されていた。

バカは風邪をひかないというが、ホンマモンの馬鹿は冬に風邪を引いて夏に気がつくという。僕はどうやら後者だったらしい。

この写真を見て僕は初めて、「あっ、黒猫！」と叫んだのであった。

あとで調べて知ったのだが、町衆と盛んに交流した檀王法林寺は京都の庶民から親しまれ、いつしか親しみを込めて「だんのうさん」と呼ばれるようになったという。

主夜神様とは「主夜」が「守夜」に転じたもので、悪夢や盗難、火災などを防いでくれる神様のこと。先に紹介したように黒猫が主夜神のお使いになったという。

あるいはもしかすると、猫は夜行性の生き物だから、夜を監視する神様をお連れしたと解釈されたのかもしれない。ともかくも、夜に営業する飲食店が盗賊や火事から店を守るためには主夜神はありがたい神様に違いなく、やがてお使いの黒の招き猫が京洛の地に広まっていったのだろう。

その意味からすると、この黒猫は小判を抱いていないことから銭儲け以上に災難防止の役割をまかされた猫かもしれない。神通力があるとされる右手を挙げているのもそのパワーを発揮するためだと考えると単なる客寄せポーズでない気もする。

「なるほど」と、何がなるほどかもわからないまま僕は境内を見渡した。そのときに目にとまったのが庫裏の屋根の上にある置物だった。驚くべきことにそれは馴染み深いシーサーだったのである。

黒猫でもカルチャーショックを受けたのに、なぜこんなところに沖縄の魔除けがあるのか？ この寺はどのような由来があるのか、俄然《がぜん》気になり調べてみると驚くべき史実が浮かび上がってきた。

ある僧侶の数奇な運命

1603（慶長8）年、明国（＝中国）にわたるため、長崎の平戸からひとりの僧侶が西海行きの船に乗船した。53歳。当時においては人生の晩年といっていい歳である。

明国に招かれたわけでもなく、琉球が紹介したわけでもない。仏法を学ぶため海を越えた昔の僧侶のごとく、渡明を企てたこの学僧は陸奥国《むつのくに》岩城生まれの（現在の福島県いわき市）袋中良定《たいちゅうりょうぞう》といった。

時代は江戸期に入っていたが、鎖国政策が始まったのは1639（寛永16）年である。したがって、海外渡航については鎖国の影響をまだ受けていない。にもかかわらず、袋中は琉球にとどまった。明は彼の入国を許さなかったのである。というより、彼でなくても日本人が明に渡ることは頑として許さなかっただろう。

豊臣秀吉による朝鮮出兵が直接の理由である。当時の明国は李氏朝鮮と友好関係にあり、朝鮮を支援していた。文禄元（1592）年の役《えき》と慶長2（1597）年の役によって、明と日本の関係は断絶していた。袋中は琉球船以外にも計画をたてたが、外国船は日本人の乗船をことごとく拒否した。

要するに、当時の国際情勢が袋中の渡明の夢を打ち砕いたのだった。袋中が西海に向かう船に乗り込んだのは歴史が与えたほんの偶然だったといっていい。しかし、万里の海を越えても渡明できず、琉球にとどまったのは歴史の宿命でもあった。この偶然と宿命が結果的には京都と沖縄に絆を結び、その後400年以上にわたる歴史に不滅の光芒《こうぼう》を放つきっかけになったのである。

そのことは琉球における袋中の活動に示されている。彼は渡明の道が閉ざされ、さぞかし無念の境地に苛まれただろうが、気持ちをすぐに切り替え、自分の役割を浄土宗の布教に転じたのである。

『檀王法林寺　袋中上人』（淡交社）には、

「琉球では、国主黄冠馬（高）明の帰依を受けて、首里城外に桂林寺（現那覇市松山）を建立し住持となり、四事《しじ》の供養もかけることなく念仏布教に努めた。現在、当地には〈袋中上人行化碑〉が建っている」

とある。袋中は那覇の桂林寺の住持《じゅうじ》として迎えられ、さっそく念仏の布教に邁進した。ちなみに国主とあるが、これは国王ではなく上級士族のことである。

念仏は阿弥陀如来《あみだにょらい》を本尊とし、如来の平等の慈悲を信じることで、その称名である「南無《なむ》阿弥陀仏《あみだぶつ》」を唱えることを指す。宗祖は鎌倉仏教を代表する法然《ほうねん》で、浄土真宗を開いた親鸞《しんらん》の師でもある。

袋中が渡来する前の琉球には王家と一族の間に臨済宗が伝わり、那覇には真言宗が伝わっていた。とりわけ王家は臨済宗の禅僧を庇護し、明国や日本との交易を含めた大使的役割をさせている。

ただし、臨済宗は坐禅や厳しい修行を積むことが功徳《くどく》となり、真言宗は教義が難解で秘法を授かる修行などがあるため、琉球の一般人には定着しなかった。

そんな琉球に称名《しょうみょう》念仏を唱えるだけで救われるという浄土信仰が袋中を介して入ったのである。すなわち、困難な修行は必要でなく、往生が容易であることを意味する易往易行《いおういぎょう》という、いわゆる他力本願《たりきほんがん》という教義だ。

京都と沖縄の歴史に放たれた偶然と宿命

土着の民間信仰の強かった琉球にたちまち浄土宗の教えが浸透していった。儀間真常《ぎましんじょう》も袋中に帰依している。儀間は1605年、野国総官《のぐにそうかん》が明国から持ち帰った甘藷《かんしょ》の栽培方法に尽力した人物である。

袋中が琉球にもたらした功績はもうひとつある。念仏踊りである。浄土教の先達である空也《くうや》上人や一遍《いっぺん》上人が伝えたとされるもので、太鼓や鉦《かね》を打ち鳴らし、「南無阿弥陀仏」と唱えながら踊る仏教行事である。

袋中の出身地である福島県いわき市には「じゃんがら念仏踊り」という郷土芸能がいまも継承されている。太鼓や鉦を打ち鳴らしながら新盆を迎えた家などを供養してまわる念仏踊りで、発祥は定かではない。

袋中自身が念仏踊りを伝えたのかどうかはっきりしていないが、彼自身は琉球に渡る前に各地の念仏踊りを目にしていたと考えても不自然ではない。

念仏踊りのことを沖縄ではニンブチマーイというが、琉球はそもそも伝統芸能の宝庫である。これも推論になるが、おそらくは念仏が普及していく過程で、袋中が目にして教化した念仏踊りがアレンジされ、各地に発生したのではないか。

意外と知られていないが、それが沖縄のエイサーにつながっていくのである。定説では袋中なくして沖縄のエイサーもなしというわけだ。

先に述べたように、袋中自身の身に起こった「偶然」と「宿命」が京都と沖縄の歴史に不滅の光芒を放ったのである。

沖縄の旧盆と京都の五山の送り火

伊セ藤のカウンターで鯛の煮付けをつつきながら「田酒《でんしゅ》」の冷酒を飲んでいる。ビールに加えて日本酒はすでに2合目だ。脳なし頭は酔えば酔うほど頭が冴えてくる。

その頭のなかで「エイサー、エイサー、ヒヤルガエイサー」という念仏歌の囃子《はやし》が反響している。

移住した翌年、「エイサー追っかけ隊」と称して、僕は沖縄本島中部各地のエイサーをコーフンしながら見て回った。「イイヤー サー サー」という男の掛け声と「ハーイヤ」という女の掛け声が耳にこびりついている。

旧暦7月の旧盆行事だから夜空に浮かんでいるのは煌々《こうこう》と輝く満月である。その真下でひと晩中踊っている青年たちの躍動的な姿が、この世のものとは思えない幻想的な雰囲気を醸し出していた。

その夜のことを考えながら袋中に思いを馳せている。

もし袋中が来琉していなければ、沖縄の旧盆はどうなっていたのだろう。

あるいは京都の五山の送り火もしかり。毎年8月16日の午後8時から催される五山の送り火は京都市内を囲む山の中腹で点火される。もし、あの山の火がなかったらと考えるとなにやら締まりのないお盆になるように思う。

ご先祖さまは子どもや孫と過ごすお盆はあまりに居心地がいいので、あの世に帰るのをしぶるそうだ。

そこで、沖縄では太鼓や鉦を大きく打ち鳴らすことによって、ご先祖さまに帰っていただく時を知らせると聞いた。京都の五山の送り火も大文字、妙法、船形、左大文字、鳥居形を夜空に浮かび上がらせて、ご先祖さまにいっせいにあの世に戻っていただく知らせといわれている。

奇しくも僕はその2つの行事を毎年目の当たりにさせてもらった。

どちらの行事も発祥については明らかになっていないが、いずれにせよ、その場にいればあの世とこの世がつながっている臨場感をいやでも感じさせてくれる。先祖供養としてはあまりに説得力のある風景ではなかろうか。

檀王法林寺ができるまで

話を袋中に戻す。

なにより画期的なことは当時の国王、第二尚氏7代目の尚寧《しょうねい》も袋中を師とし、それまでの臨済宗から浄土宗に篤《あつ》く帰依《きえ》したことである。琉球王朝始まって以来、最初で最後の出来事であった。

国王が帰依したことで袋中の評判はますます高まった。

琉球の王府が編纂させた『琉球国由来記』という国史にもそのことが記されている。


本国念仏者、万暦年間、尚寧王世代、袋中ト云僧（浄土宗、日本人。琉球神道記之作者ナリ）渡来シテ、仏教文句ヲ、俗ニヤハラゲテ、始テ那覇ノ人民ニ伝フ。是念仏ノ始也。

その袋中は琉球に滞在した3年間で浄土教の旋風を巻き起こし、1606年に帰国の途についた。琉球での布教に奔走しながら、渡明の機会を待っていたが、その目的は果たせそうにないことを痛感したのが理由とされる。国王はもとより、那覇の人々に惜しまれながらの帰国であった。

彼の目に映った南国の海の色、空の色、木々の濃い緑、鮮烈なまでに鮮やかな花々は日本には見られないものばかりであっただろう。袋中は二度と相まみえることのない島々の自然を思い起こしては、尚寧王や島の人々の安寧をひたすら祈念していたことであろう。

袋中は琉球から平戸に帰国したのち、筑後国（現在の福岡県久留米市善導寺町）に立ち寄り、山陰道をたどって、石見国《いわみのくに》（現在の島根県大田市温泉津町）で『琉球神道記』の推敲《すいこう》にとりかかった。

石見国からは船で京都に向かい、山崎大念寺（現在の京都府乙訓《おとくに》郡大山崎町）を訪れている。そしてさらに現在の八幡町や伏見の知人宅をたよって、伏見城で松平定勝《さだかつ》に謁見し、浄土宗の教義を語った。

袋中の教えはよほどわかりやすかったに違いない。松平定勝は熱心に耳を傾けて、息子の松平定綱も浄土宗に帰依した。

徳川家はそもそも浄土宗の信者で、家康は戦国期に「厭離穢土《おんりえど》 欣求浄土《ごんぐじょうど》」という浄土宗の原点というべき言葉を座右の銘にした。「穢《けが》れたこの世を厭《いと》い離れ、極楽浄土に往生することを願い求める」という意味である。

戦国時代は旗印に使ったことがよく知られている。晩年には「南無阿弥陀仏」を写経していたことでも知られるが、その徳川時代に袋中が活動したことは恵まれていたというほかない。

こうして、1611（慶長16）年、袋中に帰依した伏見次郎兵衛の自宅裏に草庵を作り、教学研究の拠点とした。これが現在の檀王法林寺である。袋中60歳、春のことである。

袋中と尚寧の非情な再会

それにしてもエイサーの発祥にまつわる寺が三条大橋のたもとにあるとは思ってもみなかった。いや、袋中のことは知ってはいたが彼が開創した寺がまさか京都に現存し、行きつけの食堂、篠田屋の隣にあるとは夢にも思わなかった。

これぞ住んで初めて「発見」できることで、観光だけでは見えてこない出来事であろう。京都と沖縄という、たどった人生の進路が袋中と同じに思えて、僕にとっては奇跡といっても言葉が足りない。

むろんやっていることは袋中の足元にも及ばないけれど、いやはや、僕の「偶然」も捨てたものではないな（と思いたい）。

しかし、そんなことで感心している場合ではないのだ。

現実は冷徹な歴史絵巻も見せつける。袋中が帰国した3年後の1609年、薩摩藩3000名の兵が琉球を武装侵略。琉球は薩摩藩の属国となり、苦難の歴史を歩むことになる。ついでながら、念仏を嫌った薩摩藩によってせっかく根づきかけた浄土宗も廃《すた》れている。

捕らわれの身となった尚寧王は1610年に薩摩に連行され、薩軍に率いられて船で長崎を経由したのち、一行は瀬戸内海から大阪に向かった。大阪からは淀川を上って伏見へ。さらに江戸に護送されるが、途中、駿府《すんぷ》城において徳川家康と対面し、江戸城では二代将軍・徳川秀忠に謁見している。

この江戸への護送では尚寧王の弟、具志頭《ぐしちゃん》王子が病没するという悲劇にも見舞われた。

江戸への往来で尚寧王は二度と会えぬと思っていた袋中に再会している。詳しい資料がないので、江戸に行く途中なのか帰りなのかはっきりしていないが、会見場所は伏見（あるいは伏見城か？）であったといわれる。

尚寧王はかつて袋中が琉球に滞在していたときに桂林寺の住持に据え、浄土宗の教義を学び、ついには帰依し、師と仰いだ経緯がある。一方の袋中は恩を仇で返した側の「日本人」である。袋中は自分の無力さにうちひしがれたに違いない。人の縁もここまでとなると非情というほかない。

「たいそう苦労されたことであろう……」

袋中と尚寧とのあいだにどのような会話がなされたのか。

尚寧王は薩摩で監禁されている間に自ら筆をとり、精緻《せいち》な筆致で袋中上人像を描きあげ、黒漆塗楼閣人物飾棚《くろうるしぬりろうかくじんぶつかざりだな》などを袋中に贈っている。袋中の還暦を祝しての贈り物とされ、このほかにも香炉《こうろ》や螺鈿《らでん》入りの椅子など30品ほどの名器も寄贈。４００年後の現在、それらは「琉球将来宝物」として同寺に伝わっている。

尚寧は１６１１年10月に帰国、２年５か月ぶりの故国の地であった。

京都と沖縄を結ぶ架け橋

檀王法林寺の庫裏にシーサーを設置したのは、現住職の信《し》ケ《が》原《はら》雅《が》文《ぶん》氏の発願によるものである。それが縁で、シーサーから始まって、黒猫や琉球との関わりなど、数度、ご住職にはお話をうかがった。

「共生という教えが浄土宗にあります。〈ともいき〉と呼びます。自分の命は自分だけのものではないということです。我々はみな支え合って生きることができるし、生かされもする。尚寧王は苦悩の生涯といっても過言ではありません。だからこそ桂林寺にいって袋中上人のお話を熱心に聞かれたのでしょう。薩摩との戦を早期に終わらせたのも上人の教えが刻み込まれていたからでしょうね」

僕は深くうなずいた。尚寧は民と〈ともいき〉することを信心のなかで体得したに違いない。その証左となる言葉を尚寧は自ら書いている。肖像画を袋中に贈ったときに添えられた賛文である。その一部を抜粋する。

水鳥や樹木、大自然のすべてが仏法を説いている、とは即ち自然には悟りがあるとい

う師の教えを指し、また浄土の世界は遠からずという師の旨を指すのであります。（藤堂共俊訳）

自然とは争う国を超えた人間の存在でもあり、それは民であるということであろう。ともかくも檀王法林寺は京都における沖縄の発信地として知られるようになった。

現在では平和をアピールするピースフルイベントや沖縄戦戦没者慰霊法要、宗派を超えた参加者たちによる平和集会などが開かれている。

檀王法林寺は京都と沖縄を結ぶ架け橋となり続けている。その絆をより強固にすることが後代の我々に求められているのではないか。

カウンターの向かいの棚で「だんのうさん」の黒猫が右手を挙げてこちらを見つめている。

2合目の冷酒を飲みきったが、酔うほどに覚めていく自分がいた。

イケズ石とイチャリバチョーデーと裏の裏と——あとがきにかえて

ものには何でも「裏」がある

本編を書き終えて、カウンターで一人打ち上げをしている。北山橋西詰にある『サンカルデート』というイタリア料理の店である。スタッフのお二人も移住してこられた方たちなので、よそさん視線で京都を語るから話が弾むのだ。シャルドネの白ワインの風味がことのほか舌を喜ばせてくれる。などと書くと「おまえの文章はいつも飲み屋から始まるなあ」と呆れる人もいるかもしれないが、読み返すと確かにそうなっている。弁明のしようがない。

京都を拠点にしてから一人酒が増え、物思いに耽りながら飲み食いするようになった。おかげで原稿のアイデアや構成を深掘りして考えることができる。カウンター効果というのだろうか、ものには何でも「裏」があるなあと思うようになった。

たとえば「イケズ石」がそうである。いまや京都名物になった感もあるが、イケズ石とは漬物石よりやや大きい石で、道路の角や住宅や店舗の軒下に置かれている。僕が暮らしたことのある東京や関東方面では見たことがないし、沖縄でも見かけなかったから、関西特有の風習だろう。

ところがウィキペディアで調べてみると、イケズ石は「主に京都市内でみられる～」とある。

「ほら始まった」と思った。何が始まったかというと京都バッシングである。イケズ石の設置は車が住宅の壁にぶつからないようにしたり、路上駐車をさせたりしないように考え出した庶民の知恵なのだ。

古い集落や住宅密集地は道が細く、ハンドルの切り返しを慎重にしなければ建造物にぶつかるおそれがある。つまりはそういう事故を防ぐためのものなのだ。

ところがそういう事情を知らずに車の角やドアをぶつけると、「こんなところに石を置きやがって」と訝《いぶか》り、「イケズな京都人のやりそうなこっちゃ！」などと、怒りを向ける。

車はたいてい保険に入っているからそれほど面倒ではないが、他人の住宅を傷つけると、修復の費用は半端な額ではすまなくなる。そのことを知っているから、当て逃げする人も少なくないそうだ。

僕自身、嵐山を観光で訪れた際に乗っていた京都のタクシーがイケズ石にぶつかった。正確にいうと目的地に到着し、車から降りた直後のことであった。

後方でガシャンと鈍い音がしたので振り返ってみると、先ほどの親切なドライバーが不安げな表情で車体を確認しようとしていた。おそらく当時最新のハイブリッドカーだったと思う。

「ぶつけはったんか。壁とか人でのうてよかったなあ」

ふつうはこんなところで落ち着いて、おおごとにはならない。

「ぶつけはったんか。この石、高かったんや。弁償してもらわんとあかんわ」

などといえばほんまもんのイケズで、京都バッシングをする人は「京都人あるある」でこんなデマを流すかもしれない。しかし、そんなことがあるはずはない。

京都人の名誉のためにいっておくが、イケズ石の多いところは1位が兵庫県、2位が大阪府、3位が京都府である。

兵庫県に多いのは西宮などの高級住宅地があるからだろう。大阪も郊外の高級住宅地や古くからある町に多い。京都は碁盤の目で町ができているから角地が多く道も細い。なんのことはない。イケズ石の設置数にもフェイクが存在していたのだ。理由は京都人をイケズに仕立て上げたいからである。

イケズ石の名の由来は「これ以上は進めない」という意味の「行けず」が語源。一説に牛車や荷車が往来していた昔は、私有地への侵入を防ぐために家の軒下や四つ辻に防御用のために置かれていたとの話も伝わっている。つまり、現在の車になる前から注意を喚起するために石は置かれていたというのだ。

ものには「裏」があり、信憑性は「裏」ほど高いといえるのではないか。

沖縄への誤解

沖縄の排他性もよく聞く言葉で、僕自身が沖縄に20年以上も暮らしていたからそのあたりの事情はいやというほど見たり、聞いたりしている。

排他的とされているのはおもに沖縄本島の人で、宮古諸島や八重山諸島ではほとんど聞かない。

沖縄の人が自分たちをウチナーンチュと呼び、他府県人をヤマトンチュといって区別するのは事実である。

ただし、その区別に悪意があるのかどうかとなったら話は別だ。

沖縄は明治の琉球処分によって日本に「併合」された。琉球処分とは1872年の琉球藩設置から1879年の廃藩置県による沖縄県設置までの明治政府の一連の措置のことをいう。これによって450年も続いた琉球王国は滅びた。

この間、薩摩藩の侵略（1609年）があり、明治期に琉球処分が断行された。さらには住民の4人に1人が亡くなった沖縄戦（1945年）、その後の27年間にわたる米軍統治があった。その歴史の結節点で沖縄はいつも貧乏くじを引かされた。ついでながら本土復帰からまだ五十数年しか経過していない。いいかえれば、戦後、日本人になってからまだ半世紀程度なのだ。

沖縄の人々からいっても、それぞれの個人史からいっても区別する人がいるのは当然ではないのか。誤解のないようにいっておくが恨み節を並べたてているのではない。

しかも米軍基地を沖縄に集中させたうえに、辺野古に新基地を強制的に建設させ、日米地位協定が改定されないまま米兵犯罪などが頻発する沖縄と本土にはまだ埋まらない溝がある。

沖縄人が本土人を区別しないほうがどうかしていると僕には思える。そのせいかどうか、ヤマトンチュを「クサレヤマトンチュ」「ジャマトンチュ」と呼んだ人もいる。僕自身が呼ばれたのでこれも事実だ。

しかし、そういう現象は沖縄問題をめぐって日本政府と沖縄がギクシャクしたときにあからさまになる、あくまで政治的な現象であって、個人と個人の付き合いで排他的扱いなどされたことはない。

だからこそ長きにわたって、僕は沖縄で暮らせたわけで、個人同士が出自をめぐって日常的に諍うような土地に暮らせるはずがない。

沖縄には「イチャリバチョーデー」という言葉がある。「一度会えば皆兄弟」という意味で、事実、沖縄人は人と人とのつながりや一期一会を大切にする気風が強い。本文でもふれたとおり、糸満市にある平和祈念公園の「平和の礎」には、国籍を問わず、軍人、民間人の別なく戦争で亡くなったすべての人々が祀られている。

リベラルな都市

このことも本文で書いたが、京都人がイケズなら世界的な観光地になれたはずがない。個人的な感想からいっても、ホスピタリティについては世界トップクラスだと思う。

京都の歴史は戦乱の歴史だった。政権が変わるたびに京都は戦場になり、家を焼かれ、人々は困苦をきわめる生活を何度も味わった。京都人が先の戦争といったら「応仁の乱」というのは京都人らしい皮肉で、先の大戦では空襲にあい、沖縄戦では激戦地で戦わされて全滅し、原爆投下の候補地になった。京都は危機一髪で地獄の戦禍から免れたのである。

沖縄人と同様に、京都人が「よそさん」を警戒しないほうがどうかしていると思える。しかし、現実の京都人は秩序正しく親切である。自治意識が高いゆえ、隣近所が助け合う心も備わっている。僕にとっていちばん住みよい都市で、一生暮らしたい土地でもある。

この本ではそんな京都が沖縄と深い関係にあり、沖縄もまた京都と積極的に交流していたことを伝えたかった。遠くて近い関係を地でゆく都市同士といおうか。こんな内容で書かれた本は本邦初だと自負している。

京都三条河原町の交差点では毎週のように新基地建設反対のビラ撒きの行動が止むことなく行われている。7年前に引っ越してきたとき、最初に目にとまった光景だった。寒空の下で、自分のことのように沖縄と向き合っている市民運動の人たちの姿を見て目頭が熱くなり、頭の下がる思いがした。同時に、この関係を絶対につぶすまいと思った。

本文ではふれなかったがさすがリベラルな都市、京都ではこんな一面を頻繁に見かけるのである。


最後に僕の身勝手で7年間も執筆をのばし続けた光文社の小松現さんには深くお詫びしたい。いまさらな言い訳にしかならないが、その間、一日も原稿のことは忘れたことはなかった。感謝にたえない気持ちでいっぱいである。

上梓にあたって、京都について多くのことを教えていただいた飲み友達の佐藤さん、まりこさん、竹田さん、寺前さん、市田さん、アーリー、そして日夜尻を叩いて励ましてくれた妻に深く感謝申し上げたい。ありがとうございました。

京都はあとひと月足らずで満開の桜並木が鴨川の土手を埋め尽くす。その日を楽しみにしながら、2杯目のシャルドネの白ワインをいただき、脱稿を祝うことにする。乾杯!

2025年2月吉日

仲村清司

本文写真　深谷慎平
目次・章扉デザイン　板倉　洋
本文図版　マーリンクレイン

仲村清司（なかむらきよし）

1958年、大阪市生まれの沖縄人（ウチナーンチュ）2世。作家・沖縄大学客員教授。大阪に18年、京都に4年、東京に16年暮らした後、'96年に那覇市に移住。2018年に京都に移住し、「同時二重通勤型生活」を送る。著書に『消えゆく沖縄』（光文社新書）、『本音の沖縄問題』（講談社現代新書）、『本音で語る沖縄史』『沖縄学』『ほんとうは怖い沖縄』（以上、新潮文庫）、共著に『新書 沖縄読本』（講談社現代新書）、『これが沖縄の生きる道』『沖縄　オトナの社会見学 R18』（以上、亜紀書房）などがある。

日本一《にほんいち》ややこしい京都人《きょうとじん》と沖縄人《おきなわじん》の腹《はら》の内《うち》

2025年3月30日初版1刷発行

著　者 —— 仲村清司
発行者 —— 三宅貴久
装　幀 —— アラン・チャン
印刷所 —— 堀内印刷
製本所 —— 国宝社
発行所 —— 株式会社光文社
東京都文京区音羽1-16-6（〒112-8011）
https://www.kobunsha.com/
電　話 —— 編集部03（5395）8289 書籍販売部03（5395）8116
制作部03（5395）8125
メール —— sinsyo@kobunsha.com

 ISBN 978-4-334-10586-0

光文社新書

1340

グローバルサウスの時代
多重化する国際政治

脇祐三

米中のどちらにも与《くみ》せず、機を見て自国の利益最大化を図る。インドや中東、アフリカ諸国の振る舞いからグローバルサウスの思考体系と行動原理を知り、これからの国際情勢を考える。

978-4-334-10509-9

1341

映画で読み解く イギリスの名門校《パブリック・スクール》
エリートを育てる思想・教育・マナー

秦由美子

世界中から入学希望者が殺到する「ザ・ナイン」とは何なのか。エリートを輩出し続けるパブリック・スクールの実像を、「ハリー・ポッター」シリーズをはじめ7つの映画から探る。

978-4-334-10510-5

1342

海の変な生き物が教えてくれたこと

清水浩史

外見なんて気にするな、内面さえも気にするな！ 水中観察30年の海と島の達人が、「地味で一癖ある」「厄介者」なのになぜか惹《ひ》かれる10の生き物を厳選、カラー写真とともに紹介する。

978-4-334-10511-2

1343

イスラエルの自滅
剣によって立つ者、必ず剣によって倒される

宮田律

民間人に多大な犠牲者を出し続けているハマスとイスラエルによる「ガザ戦争」。イスラエルはなぜ対話へと舵《かじ》をきらずに平和が遠のいているのか。その根源と破滅的な展望を示す。

978-4-334-10543-3

1344

知的障害者施設　潜入記

織田淳太郎

知人に頼まれ、「知的障害者施設」で働きはじめた著者が見たものとは？ 入所者に対する厳罰主義、虐待、職員による「水増し請求」——驚きの実態を描いた迫真のルポルタージュ。

978-4-334-10544-0

1345
だから、お酒をやめました。
「死に至る病」5つの家族の物語
根岸康雄

わかっちゃいるけど、やめられない……そんなアルコール依存症の「底なし沼」から生還するためには、何が必要なのか。五者五様の物語と専門家による解説で、その道のりを探る。

978-4-334-10545-7

1346
恐竜はすごい、鳥はもっとすごい！
低酸素が実現させた驚異の運動能力
佐藤拓己

中生代の覇者となった獣脚類、その後継者である鳥は、低酸素への適応を通じなぜ驚異の能力を獲得できたのか。地球の歴史と共に、身体構造や進化の歴史、能力の秘密に、新説を交え迫る。

978-4-334-10546-4

1347
地方で拓《ひら》く女性のキャリア
中小企業のリーダーに学ぶ
野村浩子

地方の中小企業で地道にステップアップした女性リーダーたちをベテランジャーナリストが徹底取材。本邦初、地方で働き続けたい女性、そして雇用者のための「地元系キャリア指南書」。

978-4-334-10552-5

1348
ひのえうま
江戸から令和の迷信と日本社会
吉川徹

1966(昭和41)年、日本の出生数が統計史上最低を記録した。干支《えと》にまつわる古くからの迷信は、なぜその年にだけ劇的な出生減をもたらしたのか？　60年周期の「社会現象」を読み解く。

978-4-334-10553-2

1349
バスケットボール秘史
起源からNBA、Bリーグまで
谷釜尋徳

19世紀末に宗教界の生き残り策として生まれたバスケットボールの世界的な普及と日本への伝来、五輪やNBAへの挑戦、ブームからやがて文化になるまでの歴史を、豊富な資料をもとに探る。

978-4-334-10554-9

光文社新書

1350
関係人口
都市と地方を同時並行で生きる
高橋博之

地方だけでなく都市も限界を迎えている日本にとって「関係人口＝地域外に拠点を置きながら地域と継続的に関わる人々」は救いの哲学となるのか？　情熱的な新・地方創生論。

978-4-334-10585-3

1351
日本一ややこしい京都人と沖縄人の腹の内
仲村清司

京都人＝イケズ!?　沖縄人＝排他的!?　実際はどうなの――!?　京都に拠点を置きながら沖縄に通う生活を送る著者が、両地の知られざる〝遠くて近い、深い関係〟に着目した本邦初の一冊。

978-4-334-10586-0

1352
文化系のための野球入門
「野球部はクソ」を解剖する
中野慧

一高、天狗倶楽部、朝日新聞、武士道、ニュージャーナリズム、スポーツ推薦、スクールカースト、女子マネージャー……。これまで顧みられなかった「日本の野球文化」を批評する。

978-4-334-10587-7

1353
37歳で日本人最速投手になれた理由
これからの日本野球
齋藤隆

ベイスターズとイーグルスで日本一、MLBドジャースで地区優勝。NPBもMLBも知悉した著者による野球論、ピッチング論、トレーニング論、コーチング論、ビジネス論。

978-4-334-10588-4

1354
75歳・超人的健康のヒミツ
「スーパー糖質制限」の実践
江部康二

歯・耳・目、全てよし、内服薬なし、血圧・体重も維持、夜間尿なし…52歳で糖尿病を発症も、若さと健康を保っている糖質制限のパイオニア医師が、あらゆる角度から元気の秘訣を公開。

978-4-334-10589-1